誰も語れない

オフショア金融センターの秘密！

:零

ヒカルランド

金融と一言で言いますけれど、広いんです。

日本で金融というと『リテール銀行、リテール証券、リテール保険』ぐらいのものですが、
私が「金融」というときは「英国、スイスオフショアの国際金融」のことです。

「オフショア金融」のことを、金融と呼んでいます。

同じ言葉を使っていても、中身が全く違うのです。

結局、牛耳っているところはシティです。
ウォール街ではなくて、実はシティなんです。
よく日本を植民地支配しているアメリカの心臓部がウォール街なので、
ウォール街が黒幕と言っている言論人がいますが、
その人は、何もわかっていないようです。
違います。
ウォール街ではなく、今もロンドン、シティからなのです。

日本の人たちに早く気がついてほしいんです。
自分たちがどれだけ収奪されているか、
奴隷状態同然だということをわかってほしくて言っているんです。

怒りを持ってもらわないと、立ち上がらないし、
自分で調べないじゃないですか。

日本は危ない。
もう国の終わりの形相を見せています。
日本は今、「国って、こんなふうに終わっていくんだなぁ」という予兆が、あちこちに見えています。

カバーデザイン　櫻井 浩（⑥Design）
校正　麦秋アートセンター
本文仮名書体　文麗仮名（キャップス）

目次

第六話

あまりに罪深い人間の世、
世界は救われるのか!?
最後の砦は、日本!!

本書を読む前にご了承いただくお約束

《注意事項》
事前に本ページの内容にご了承いただき、合意したうえでお進みください。

本書はさまざまな危険要素や変化、状況などから現金や銀行預金、タンス預金などのお金、資産を複数の方法で保護するための具体的な情報提供をしておりますが、それは、個々人の資産と個人情報と尊厳がデジタルマネー化で守れなくなり、危険にさらされる時代に、タブーを犯すと知りつつ、少しでもお役に立つ、今知るべき、価値ある情報を提供したい善意と、知っているのに自己保身で教えてあげないことに対する人間としての良心の呵責を著者が感じるからであり、作家としての言論の自由、表現の自由を使い、坂の上零の作家としての使命感からこれを最後に教えるのであって、特定の通貨や海外への送金などを含め、何らかの判断や行動を取るよう示唆したり、誘導するものではありません。

従って、本書にある情報は参考に留めてください。何らかの判断や行動を取られる場合は、あなたの自己責任と自己選択に基づいてなされることとし、本書と著者には責任がありません。筆者の予言は作家の個人的見解の範疇であり、必ず未来にそうなると断言し、確約するものではありません。

本書は一般には知られていないさまざまな知識やインテリジェンスにも近い高い情報やノウハウが詰まっていますが、本書の知識や情報はあくまでも情報であり、作家の個人的見解も含まれていますので、参考程度に留め、日本国が定める一切の違法行為に使用しないことを厳守ください。

本書の内容を違法行為に使用された場合の責任や、あなたが取られた判断や行動の結果と責任は、行動されたご本人以外の誰にも一切ないことを事前にご了承いただきます。

以上を承諾し合意した方のみ、本書を読み進めていただき、国際金融と資産保護についての生きた知恵、高い価値の情報の力、知識を得て、参考にしてもらえたら幸いです。

注意事項、お約束の最後になりますが、来たるインフレ、そして円安ですが、悪い面ばかりでもなく、輸出業や海外でのＷＥＢビジネスを推進するなどして、逆境をチャンスに変えることもできますし、その方法や「まさかの時代」に生き抜く力、自分で稼げる力の重要性も本書で教えています。

このインフレで、日本の製造業などは製造部品を外国に依存する比率を、国内サプライチェーンに変えていったり、工場を国内に戻すなどすれば、良い商品を安く売れるようになれば経済も浮上することに繋がります。

国内でも、外貨に換えることによる為替のリスクを回避して、資産を保護できる方法も伝授しておりますので、どうぞ冷静になり、慎重に分析してみてください。今、ドルに変えても、すでに50％も失いことになりますので、そちらもご承知おきください。

日本一国だけ利上げを（二〇二二年一〇月現在）踏みとどまっていますが、それにも一長一短があるにせよ、もしかしたら、日本一国だけ、経済が復活し再び「強い円」を取り戻し、日本一国だけひとり勝ちする可能性もあるにはあります。

利上げしたら金利が上がり、破産者、倒産する企業も増えるでしょうから、日銀も利上げを慎重に判断しないといけないのでしょうが、このまま日本だけ利上げしない日銀の判断は最大の賭けです。ほかの通貨との差が開いてしまいますから。

「それでもは利上げしない日銀」の最大の掛けは、日本が一人負けする可能性もありますが、逆の方向に振れこが振れたら、日本一国だけ逆転ひとり勝ち、となる可能性も若干あります。

これについては本書ではテーマが違いますので、語っておりませんが、インフレ後には、日本だけが一人負けするシナリオと、その反対の、日本だけがひとり勝ちするシナリオもふちらもあります。

ですから、今はどう転ぶかわからないので、胆略的かつ理性がない感情的、衝動的な判断や行動をとらないように祈ります。

ただ最悪を考えて事前に回避することは賢明なことですので、まずは事実を知ろうとすることから始まります。その情報が限定的であれば、判断のしようがありません。

筆者はこのような限定的な知識と視野しかない多くの日本人の現実に、一石を投じ、情報提供をすることが可能です。

危機への対策なのでどうしても暗く重い問題を扱いますが、本書は読者を不安にさせて終わりではなく、ちゃんと希望を創っていく方法も複数お伝えしておりますので、暗く沈まないで、明るく、未来に向かっていく希望も伝授しております。

ですから、状況に危機を募らせ、ぜんぶ金にしたり、アンティークコインやワインなどに変えたりするなどの、混乱時に、理性を欠いた行動には慎重になられるようにお願いします。

本書は海外に資金を移すなどの様々な行為を含め、それを推進してはおらず、たんに知識として情報提供するだけであり、最終判断はみなさま個人お一人お一人にゆだねられており、そこは本書と筆者の感知しえない本書と筆者には責任を追及できない範疇です。本書を、日本の法律に抵触する行為に用いることがないようにお約束ください。

本書を読まれた方はすべて、このお約束をしていただき、合意されたものとみなします。この注意事項を理解し、お約束いただけた方のみお読みください。お約束に同意していただけない方は本書を読み進めないでください。

本書がみなさまの目を開き、皆様を迫り来る危機から少しでも解放し、不安を取り除いで、まさかの時代でも、試練を互いにん下り肥えて、豊かな栄える心になれる一助となれたなら、作家冥利につきます。皆様の幸せと魂の向上を切に願ってやみません。

作家　坂の上零

第一話

誰も語らない！
この世界最大のタブーとは⁉

こんにちは。まもる会の民間用の講演会、講師は私、坂の上零です。どうぞよろしくお願いいたします。（拍手）

私は記事をフェイスブックだけではなくて、ユーチューブも含めいろいろな媒体で出していますが、ご存じのように結構辛口の本当のことを書きます。

とは言っても、普通の媒体ではデスクにカットされますし、ユーチューブのchannel ZEROも、REI SAKANOUEの動画番組もすべてアカウントBANされて消されました。フェイスブックも選挙となると、私のアカウントごと（停止をこえて）自動的に消されてきました。ですのであそこまでのことは書けないのですが、最近になって、あまり本格的なことを言われると困るんだというような風潮になってきております。

私も雑誌社とかから干されぎみといいますか、お仕事がどんどんなくなっていますが、気骨がある社長さんのところは残っていて、そこからのお話は結構あるんです。

いわゆる保守系の一般の雑誌社や新聞社じゃないところですね。私の友人にも記者さんとかジャーナリストさんが多いんですけれども、みんな同じようなことを言っています。

私の周りにいる方々は皆さん、もともとめちゃめちゃ左翼的な記事を書く人ではありません。

ただ、ジャーナリストですから、今どういう法案が決まったのかとか、何が審議されているのかとか、そういったことは書かねばならない、言わねばならない使命があるわけです。

ところが特定のことに関しては、書くなとか言うなと直接言われるわけではないんですけれども、そういうことをしにくい雰囲気があるんです。

何かといいますと、さまざまな情勢、事件の陰でこっそりと静かに決まった法案も、審議されている法案もあるのです。

例えば、インターネット盗聴法（犯罪捜査のための通信傍受に関する法律。２０１６年改正）だったか何だったか、とにかく皆様のメールを政府が勝手に見ていいということになっちゃったんです。

これは知っていますか。知っていた人。——皆さん、さすがです。半分ぐらい知っていますね。そういう法案が知らない間に決まってしまいました。

アメリカでもインターネットの情報を規制しようという動きがありまして、グーグルと政府が戦っていました。今はグーグルはアメリカ政府の言いなりとなり検問をしたり、激しい言論統制をするようになりました。

グーグルは力がありまして強いですから、アメリカ政府に対してノーと言ってきたのですが、それはもう過去のもの。

アメリカでグーグルが戦っていたネットやメールの内容を政府が盗撮できるようにするこの法案も、日本では結構あっさりと決まってしまいました。

これから、ネットで誰がどういうことを書いているか、公開スペースに関してはもともとわかるんですけれども、それだけではなくて、フェイスブック、ラインのチャットや、Gメール、ヤフーメールなどのフリーメールはもちろん、皆さんがプロバイダーと契約しているメールの内容まで政府や行政機関（税務署、警察、各省庁など）が勝手に見ていいということになってしまった。すごいですね。

誰がどういう人とどういう話をしているのかが筒抜けになります。

国民や人権ある普通の人のメールやSNSのチャット内容まで丸裸にして盗み見してよいのですから、一応、その横暴を行うためには名目がありまして、麻薬取引などの犯罪を撲滅するためだということになっているそうです。

一般の方々をテロリスト扱いするわけです。

私やあなたがテロリストかもしれない、麻薬取引をしている人かもしれないという前提で見ていいよということになっています。

全くそれと同じ口実をアメリカ政府も言っています。

一般人は犯罪を画策しているかもしれないし、メールやSNSチャットで、麻薬の取引などをやっているかもしれない。だから政府はインターネットの情報を逐一チェックする権利があるんだと言っていますが、解釈にちょっと無理がありますよね。

ちょっと前置きが長くなってしまいました。

前回、日の丸がなかったので大変お叱《しか》りを受けまして、今日は小さな日の丸ですけれどもございます。

前回は、ゆうちょのこととJAのことをお話しさせていただきましたが、ちょっと尻切れとんぼみたいになってしまったので、今日もその部分に、軽くですけれども触れたいと思っています。

では、今から始めさせていただきます。

今日のテーマは、実は私が現場を離れてから初めて語ることです。

これはあまり言ってはならないという暗黙の了解があったので、言わないようにしていましたが、パナマ文書でオフショア金融センターというのが知れてきたわけです。

日本にはないんですが、裏金融みたいな世界があるんですね。

これの本拠地はイギリスとスイスとその周辺国です。

実はアメリカにもあります。

10年ちょっと前ぐらいの話で、その間ずっと沈黙を守ってきたといいますか、あえて言うこともないと思ってきました。

実は出版社の方々から、「なぜヨーロッパの貴族はいつまでもお金持ちでいられるのか」日本は3代で終わるのに、そのからくりを証明した本を出版していただけませんかというお話はありましたが、これを言うと、さすがに私も不当逮捕されたり、命まで危なくなってしまう大きな危険があります。私の事業家人生や、私の人生、活動全てをつぶしにかかられる原因にもなり、私の家族も、ひどい目にあう可能性があります。

私にえん罪をかけ、ウソも100回報道すれば真実となるかのような集団いじめを、マスコミは、面白くワイドショーなどで仕掛けてきて、私をつぶしてしまうこともあるかもしれないのです。それぐらいのタブーなのであり、私の人生と命が危険にさらされます。実際、国際金融については日本の金融の人も誰もよく知らない秘密のベールの中の世界です。

だから、これを語ると、私は本当にサヨナラになっちゃいますので言えなかった。

サヨナラになるぐらいの印税をもらうわけではないので、大した内容でもないですし、ずっと黙ってきたわけです。

つまり、これはしゃべってはいけないことだったんです。

今日は一応テレビカメラが入っていますが、この部分はＤＶＤではカットするかもしれません。

そこに今日は触れさせていただきます。

特殊で狭き門である、オフショア専門の国際金融業界を出てから初めて語ります。

金融の話に行く前に、まず日本の国家政策、予算をどのように分配して、どういうふうに使っていくのか。

政治とは何かと言われたら、本質的にはそういうことです。

予算をどう分配して、どこにどのように使っていくのか。

どういう産業を強め、逆に言えば、どういう産業を弱め、何を守り、何を攻めるのか、何を捨てるのか、これを決めるのが政治なんです。

政治とは何かといったら、おカネをどのように分配するかというところに尽きると思います。

もちろん、どういう国をつくるのか、どういう教育をするのかということもありますが、国家の政治とは、基本的には金融政策と予算の分配なんですね。

ここにいらっしゃる方は、まもる会の記事やCOCONAU（https://coconau.com）、坂の上零の本や記事などもいっぱい読まれているし、ご存じだと思いますけれども、その政治の根幹である金融政策が、何と日本は自分たちのためにできないようになっているんです。

日本だけではなくて、アメリカもそうです。

ここにはアメリカの方もいらっしゃいますが、間違ったことは言っていませんよね。

結局、おカネを握っている者が一番強いわけです。

では、ドルはどこが発行管理しているのかというと、ＦＲＢ（連邦準備制度理事会）ですね。

アメリカ人のほとんどは、ＦＲＢをアメリカ政府の国営銀行だと思っていますが、そうではなくて民間銀行です。

ロスチャイルド銀行です。

日本の日銀も、つくられた当初からそうでして、一応政府が株式（出資証券）の55％を持っていますが、その他の出資者はきちんと公開していません。

結局、主要なＧ７やＧ20の国々の中央銀行は全てそうなのですが、日本の日銀も、あちらの国際金融の方々の影響が非常に濃く出るところです。

彼らのほうを向いて金融政策をしていると言ってもいいぐらいです。ですから、今までは常に大蔵省、財務省とけんか状態にあったと言っていいと思います。

私が20代~30代前半のころは、いろいろな政治家さんや役人さんたちと交流がありました。その中にお亡くなりになられた中川昭一先生もいらっしゃったり、大蔵省の人もかなり知っていました。

私はジャズピアニストだったものですから、コンサートを大蔵省でやったこともあります。結構仲がよかったんです。

その当時の彼らを見ていると、日本には大蔵省があるから、大蔵官僚は優秀なのだから、いくら日本の政治家がバカでも、日本の国は何とかやっていけると思いました。

特に年末の予算案確定のときは、大蔵省が怖いぐらいに本当に大ナタを振るったんです。

一枚岩になって、官邸や総理にまで「これはならぬ。ならぬものはならぬ。こんな予算は許せない」と言ったぐらいなんです。

それぐらい大蔵省の役人たちは国家を背負っているんだという気迫があった。

今の財務官僚にはその気迫や国士としての立派な志と心構え、覚悟があるかどうかわかりませんけれども、もしあったなら、今年度に出したような予算は許可しなかったと思います。

日本は政治において一番重要な国家予算を司《つかさど》るところが、何と自国のためにできないような状態になっているということです。

自分たちの円も、自分たちで刷れないような状態なわけです。アメリカもそうです。

ここに悲劇のもとがあるわけです。でも、誰もそれを語らない。

なぜかというと、私が今から語るオフショア金融のことと連動しているからであって、それを語ると、ケネディさんみたいにサヨナラになるんです。

ケネディさんだって、そこを何とかしようとしたし、ベトナムから兵を引き揚げようとしました。

それでああいうことになるわけです。

どうしても語ってはいけないタブーみたいなのがありまして、今日私が語ることはそこにかなり踏み込むものです。

私もそこまでのことは記事にしていませんので、今日来た方はラッキーです。

日本の国家予算がどのように決められているのかは、さっき言ったとおりです。

では今現在、どういった議論やセミナーや勉強会が永田町や霞が関で行われているかというと、皆さん結構勉強熱心で、いろいろな会や勉強会が議員会館でほぼ毎日行われております。

各省庁でも、いろいろな人たちを招いてヒアリングしたり、やっております。

でも、私から言わせれば、それらは全て各論なんです。

一つ一つのテーマ、一つ一つの議題に対しては深く突っ込んでいくのですが、お役人の方も政治家も全体像をつかんでいないんです。

国家全体と、さらに国家を含む世界全体と、世界の裏側で全てを牛耳《ぎゅうじ》る「国際オフショア金融と軍産複合体」の全体をしっかりと見る高い視座に立ち、全体を俯瞰する視点と高く広く奥の深い視野が絶対に必要です。

しかし、そこまで全体を見渡し、真実の全体像を俯瞰している人や、エリート、政治家、経営者はほとんど皆無です。

今申し上げた前述の全体像をつかんで、結論から今の情勢を一つ一つ見るという視点に立てる人たちがほぼいない。ここに悲劇の因果があります。

その全体像とは何かというところも、今日はお話ししていきたいなと思っています。

いわゆるグローバリズムとか新自由主義という、アベノミクスの第3の矢に象徴されるようなものですね。

こういったことを日本にやらせているところがあります。

郵政民営化と称して、日本の郵便貯金の金を丸ごと（民間のゆうちょ銀行にして、上場する必要もないのにさせたことで）株式市場に流したり、外資金融と連動することなどで、収奪を合法的に実施させたわけです。日本国民の郵便貯金の金を丸ごと「いただきまーす」したかっただけです。そのために、小泉純一郎氏が役者に選ばれて、日本の金を「彼ら」に差し出すために郵政省をつぶさせて、郵政民営化をさせたのです。

故安倍晋三さんも、日本を売り飛ばしたことでは多大なる功績を上げています。日本では、今から誰が首相となり、どこの党が政権をとっても、同じことが繰り返されます。真の政府、支配者は、国際金融の王だからです。その本拠地はアメリカ、ウォール街だとMTさんは言っておられますが、全くご存じないようです。違います。アメリカではなくロンドン、シティ。それもごく一部の方々です。

今日はそういった方々がどういうふうに日本からおカネを収奪しているのか。

収奪という言い方が正しいかどうかわかりませんけれども、日本からおカネを持っていっちゃうのかという初公開のお話をしたいと思います。

金融と一言で言いますけれど、広いんです。日本で金融というと『リテール銀行、リテール証券、リテール保険』ぐらいのものですが、私が

「金融」というときは「英国、スイスオフショアの国際金融」のことです。「オフショア金融」のことを、金融だと呼んでいます。同じ言葉を使っていても、中身が全く違うのです。

第二話

オンショア金融と
オフショア金融のことは、
専門家さえ知らない！

簡単に言ってしまえば、金融というのはおカネのインフラです。

体でいえば血液であり、動脈、静脈から、体内の全て細部にまで血液を流れるようにさせるための血の流れそのものです。

金融は3つのことしかしません。
①価値の査定（値づけ）
②価値の交換
③価値の流通
この中で最もキーストーンとなるものが、価値の交換です。

価値と価値を交換する。これが文明の基本。

私がこれをつくった。君はそれをつくった。じゃ、これとそれ交換しましょう。

いくらで交換するとか、どういうふうに交換するのかを司るところの全てを金融といいます。

日本は実業界が結構立派で、実業界に研究データや開発データや特許といった知的財産とか、いろいろなものがあるわけです。

金融というのは、はっきり言って、しょせん実業界の方々がつくったモノや、やっているサービスが行ったり来たりするときに、おカネのやりとりや価値のやりとりを行うインフラでしかないわけです。

早い話が、血液と血流、血の循環そのものです。

各臓器は大事ですけれど、血液の流れが止まってしまったら、心臓が止まってしまったらどうなるか。

この心臓の部分のポンプ役をするのが金融です。

ふだん、誰からもあまり認識されてないけれども、ないと即座にグチャグチャになってしまう。

我々の経済システムがもたないわけです。

それが金融です。空気のようなもので、ふだんは見えないけれど、ないと困る。止まれば死ぬ。

体でいえば血液の流れのようなものです。血が流れないと困る。血液が汚れると、病気になってしまうじゃないですか。

日本もアメリカもそういう状態です。

各臓器は結構元気で頑張っているけれど、血液に毒が入っている状態です。

全部が毒だとは言いませんが、かなりの割合で毒を意図的に注入されれば、各業界に血流とともに、毒がどんどん回っていきます。

今のアメリカ型の資本主義は、毒がかなり回ってしまって、臓器の活動まで圧迫しているような状態になっています。

何でそうなっているのかは別の機会にお話ししますが、今日はまず金融とは何か。

大きく分けて二つあるんですね。

オンショアとオフショアの世界があります。

ショアというのは何かというと、領土のことです。

ここから先は日本ですよ。ここから先は中国ですよ。ここから先はアメリカですよ。

そういうような領土のことをいいます。

オンショアというのは領土内です。

ですからその各々の国の国内法が適用されるわけです。

金融は必ず法律と一緒に動きます。

経済の専門家であっても、金融とは全く違う。だから、経済に明るくても、金融に明るいとはかぎらない。いえ、むしろ、明るくないのです。わからないというほうがよいでしょう。

ましてや、オフショア金融の国際金融など知ることが全くないし、何がどうなっているのか、まるでわかってないし、人脈もつくれないのが、

99・999%以上の人々です。

オフショアであれ、オンショアであれ、金融商品をつくるときも、法律がバッチリ合っているかどうかというのでファンドを組成します。

オフショアの世界は後で話しますが、金融というと、ほとんどの人がオンショアの世界を思い浮かべます。

リテール、これは普通の商業です。普通の都銀とかそんな感じです。

リテールもいっぱい分かれます。

保険があったり、銀行があったり、投資信託があったり、投資顧問もそうですね。

あと、証券があったり、信託銀行があったりします。

保険にも損保があったり、生保があったり、銀行にも種類があります。

信託はだいたい富裕層、ちょっとリッチな人たち向けです。

遺言書とか財産の管理をするわけです。

ほとんどの人が、金融というとここしか思い浮かべません。

ここしか知らない。

一般の人は信託のほうはほとんど知らないと思います。

信託口座を持ってないかもしれない。

銀行にも種類があります。

管轄省庁によって3つに分かれています。

まず農水関係がJAバンクと言われるもので、農林中金もそうです。

また法律が変わってくるんです。

郵政省がゆうちょ銀行です。

ゆうちょ銀行なんか要らなかったんですが、つくらされてしまいました（上場する必要もなかったけど、させられてしまった。そのほうが株式市場や株主制度により、ゆうちょ銀行のお金〈郵便貯金〉を合法的に外資系金融などが略奪できるからでしょう）。

もう一つは都銀、地銀です。

みずほとか、三菱ＵＦＪとか、横浜銀行とか、こういうところになります。

その下にもいっぱいワーッと支店があるわけですけれども、皆さんは金融というとオンショアの中の、一部のリテールしか知らないと思います。でも、もっと広い世界がこっちにあるのです。

オフショアとはっきりと境界線があるわけです。

オフショアの世界も全く同じです。

オフショアにはリテールはあまりないのですが、オフショアがどうなっているかというと、大きく分けてスイス系オフショアと英国系オフショア、これは英国の昔の植民地だったところです。

イギリスの経済は一回死にかけたんです。

サッチャーのときに、大ナタを振るって、イギリス人は自分たちの子どもを育てられないぐらい貧乏になってしまって、植民地をみんなオフショア金融センターにしたんです。

植民地を養っていくカネがなくなってしまった。

１０００人の子どもを船に入れて、フランスに送って、養ってくださいと言ったぐらいなんです。

もう一つはその他。その他というのは、国ごとに、ルクセンブルクとか、アメリカ系とかになります。

アメリカ系はケイマンとか、あとデラウェアとか、州ごとというのもありますが、アメリカはそんなに持っていません。

オフショアで一、二を争うのはダントツ、スイス系と英国系です。両者は全然異なる歴史を持っています。スイスのほうが圧倒的に長いです。

オフショア金融になった国々を見ていますと、アメリカ以外はどこもそうなんですけど、経済が非常に脆弱《ぜいじゃく》なところです。

自分たちの国で食えない。経済が回らない。

または、技術力がなく、ものづくりなどの生業で勝てる力がない。または、基本、貧しい国です。

ある意味、韓国みたいに悲惨な貧しい歴史を持っているわけです。ほかの国の傭兵になって命を捨てなければならなかったり、一生懸命稼いだおカネを収奪されまくったり、それでも文句一つ言えなかったんです。

スイスは特にそうです。

昔から、男は傭兵に取られ、女は今のフィリピン人みたいにお手伝いとしてヨーロッパのどこかに出稼ぎに行ったりしなければならなかった。

スイスはとにかく貧しかったんです。

いまだにバチカンの兵隊はスイス軍と決まっています。

それも昔の名残です。

ヨーロッパ各地に散らばって、働いたおカネを何とか自分たちのお母さんやお父さんのところに持っていきたいのに、途中に山賊とかがいて、取られてしまう。

そういうことがないために出てきたのがいわゆるスイス銀行と総称される今のＵＢＳ（ユナイテッド・バンク・オブ・スイッツァランド）などです。

そういう銀行が発展した背景には貧しく悲しい歴史があったわけです。

この銀行業の歴史は長くて、ヨーロッパの中世暗黒時代からのノウハウで来ていますので、スイスのほうがダントツに長いわけです。

それを見ていたのが英国です。

イギリスというのは、人が成功しているとパクるところがあります。

東インド会社も、西インド会社をまねてつくって、うまいことといった。

オランダからインドの交易の実権を横取りしてしまったわけです。

中国をアヘン漬けにして、いろいろな国を植民地にすることによって植民地から収奪して大きくなった。

イギリスも、スイスみたいなことができないかなとあるとき考えました。

オフショアを具体的につくる前までは、もともとイギリスは海賊だったんです。

しかし、イギリスにも事情があります。なぜ海に出ざるを得なかったのか。でもイギリスに行ったらわかるんですよ。

結構きれいなグリーンフィールドが広がっていました。狭い国中、そういう土地がいっぱいあって、農業したらすごくいいなと思ったのですが、私の前のパートナーなんかは「じゃ、掘ってみろよ」と言う。掘ったらすぐに岩なんです。グリーンに見えたのは草ではなく、苔。

国中、苔ばっかり。

イギリスのスーパーマーケットに行くと、野菜とか果物が小さいんです。

リンゴだって日本みたいな立派なリンゴじゃないのですよ。日本のリンゴのように甘く、大きくない。やや渋い。ドイツもです。

太陽の明るい光がないから作物がなかなか採れないんです。

生野菜は非常に貴重です。

野菜が足りなくて、イギリスでは缶詰が野菜だと思っている子どもたちも多いんです。

日本やフランスみたいに農業で食えなかったのです。本当は農業で食べていけたらよかったのですが、国民を農業だけで養える国じゃないので、海賊にならざるを得なかった。土が農業に適さない、やせた土なのです。

スペインやフランスがうらやましくて仕方がなかったんです。

太陽がさんさんとしていて、耕せる土地があって、農業で食えたんだったら、イギリスはおそらく世界の七つの海に出ていかなかった。

だから、食べるために狩猟をします。国民を食わせるためには、収穫時になると、他人の国に行って収奪するということを繰り返してきたわけです。

フランスからしたら、またあいつらが来やがったと思うわけです。一生懸命耕したものを持っていっちゃうし、フランスの女も犯される。だからフランスやイギリス、スペインは、しょっちゅう戦い合っていました。

王室同士、戦国時代の日本と同じで、自分のプリンセスを送って、「互いに侵略しないでね」という血の協定を結んで互いに外交しながら戦争をさけようとしてきました。要は政略結婚が当たり前だった。

そんな政略結婚があっても、やはり歯止めはきかず、常にヨーロッパ中、戦いがなく平和なときはありませんでした。

自分の娘を嫁がせた先の国を、父親（王）が侵略することはよくあることでした。

王族の血統に生まれたら、娘や妻たちは、王の政治と戦争、外交のカードや道具ですから、女には選択肢はなく、父が決めた相手の国の王の息子（王子）と結婚するしかありません。人質みたいなものです。

それでも、攻めてきたら、一族を殺され、また、その国から戻され、他の国との政局を安定させるために、別の国の王子に嫁がされるか、またはは側室になるわけです。それでも平和は実現しませんでした。

第三話

金融の根底に保険があり、ダブルスタンダードがある⁉

そういう生きるために海賊にならざるを得なかったイギリスが、保険というものをつくった。

これが大きいんです。

保険、補償が金融の根底にあります。

金融はリスクを売らなければいけないから、保険システムがないと金融業界は回らない。

リスクを売って、リスクを買うという発想が初めてできたわけです。

これをつくったのがイギリスです。

どうして保険ができたかというと、ご存じの方もいらっしゃると思いますが、例えば南アフリカとかに行って、ダイヤモンドとか金を発掘するわけです。

黒人の貧しい人を働かせて、彼らには大したおカネをあげない。

インドからは絹や綿、お茶、塩といったものを取引してくるわけです。

そのときに途中で物資がなくなる、あるいはおカネがなくなる。

船が沈没したり、海賊に狙われたりする。

そのために保険をかけるというサービスを始めました。

これが金融の全てにあります。

皆さんの預金も、保険にかかっているわけです。

これがないと銀行もおカネを貸せなかったりするのです。

ここからイギリス系のオフショアができてくるのですが、もともとどこかというと、英語でEnglish Channel Islandsといいます。

英国オフショア金融諸島です。

どういうところかというと、いっぱいありまして、カリブの島とか、あるいはバヌアツとかあの辺の島とか、あるいはイギリスの近辺のマン島、ガンジー島、ジャージー島もそうです。

ちなみに、私はジャージー島とかマン島が専門でした。

法律が島ごとに若干違うんです。

だから顧客それぞれにこういう方の口座や資産運用にはこれがいいという提案をするためには、各々の国ごとのオフショアの特徴を知って、各オフショアの島の法律に詳しくないといけない。

英国はものすごく多岐にわたる法律をつくりました。

いわゆるダブルスタンダードなんですね。

ダブルスタンダードとは何かというと、とりあえずみんなが守るべきルールはあるんですけれども、でもここだけは別よ、私たちだけは違うわよという世界のことです。

イギリスはこういうのをつくるのが大得意です。

「俺はいいけど、おまえはダメだ」というやつですね。

日本も幕末ぐらいからずっとこれをやられてきているわけです。

白人系の取引はだいたいダブルスタンダードです。

ウィン・ウィンで、あなたもよくなり、私もよくなるというのはほとんどありませんでした。食うか、食われるか、勝つか、負けるかで、相手を信じたら負けるからです。相手から食われないために、相手の首をつかみ、相手より優位に立たないと、いつ裏切るかわからない歴史だったので、彼らにしたら、これは自己防衛なのです。

相手を信じ、相手と対等なら、相手は図にのり、いつ恩を仇で返してくるかわからない。

ですから、イギリス式でいうと、外交、政治は、対等はない。どちらかが上に立って、「おい、やれ」みたいな感じになるわけです。

建前上は「一緒にやるよ。同盟国だよ。日英同盟だよ」と言っているんですけど、実際には、収奪する側とされる側、支配する側とされる側に分かれるということです。全てにおいて、そうです。

これが特にうまいのがイギリスです。

こんなことを言っているとまた怒られますね。

イギリスにも友達がいっぱいいますからね。

一つ言いますけど、私はイギリスが大好きですよ。

イギリス人の庶民は素朴で、心やさしく、人の心を思いやる人ばかりで、仲良くなるまで時間がかかりますが、仲良くなると、本当に親切で、あたたかく、ユーモアにもあふれています。

イギリスは、ほとんどの方がいい人です。素朴です。

昔は知らないけれど、みんな今は貧しいんですけど、イギリスのパブなんかに行って一人で飲んでいると、「来いよ」と言ってくれる。ギネスを温かくして飲んでいるんですけど、素朴でいい方々が多いです。

ところがイギリスが陰湿だなと思うのは、このダブルスタンダードを使いこなすところです（イギリスは特に、上層の政治をする人と、庶民は違うのです。しかし、みんなロイヤルとつくものが大好きで、王族や、貴族、故エリザベス女王は不動の人気があります）。

ダブルスタンダードを使いこなすのは一部の政治家さんと国際金融の方々、いわゆるシティです。

だからイギリスと言わないほうがいいかもしれません。

シティです。

シティとは何かというと、ロンドン証券取引所があるところです。

穀物でもそうです。クルマでもそうです。石油でもそうです。

いろいろな物資やいろいろな価値を交換する取引所があるんです。

それが証券売買と言われるものですが、その代表的なのが東京とロンドン（シティ）とニューヨーク（ウォール街）です。

東京が昼のとき、ニューヨークは夜です。

順繰り順繰りに、ちょうどいい具合におカネが回るようになっているんです。

我々は何をしてきたかというと、ニューヨークが終わったら、次はロンドン、ロンドンが終わったら、次は東京という形で、世界の3拠点を中心に、おカネをグルグル回して、おカネから、おカネを儲《もう》けるのです。おカネをいかに、どう循環させるか、その「経済のしくみ」を組みたてる。それが、ファンドになります。つまり、世界中を3拠点でグルリとおカネを回すんです。

そうすると1日に3回儲けられるわけです。

だから我々は寝る時間がなかったですね。

株の人たちファンドマネジャーというのは早く死にます。

寿命が10年短くなると言われています。

それだけプレッシャーが多い仕事です。私もそうでした。

ゆっくりデートして、恋人の顔を見詰めて「あら〜」とか言っている暇はないんです。

「あと10分でこれを売らなきゃ」「これを買わなきゃ」、そんなことばかり考えていて、「ちょっとすみません」とトイレに行って、パパパパッと売買する。

ロマンチックにもならない。

ウォール街や兜町やシティの人は、40歳ぐらいでボロボロになると言われています。

特にファンドマネジャー、運用している方々はそうです。

今日はその話ではなかったのですが、どれぐらい彼らが儲けているかというと、すごいんですよ。

東京の人たちはそんなに儲けていません。

しょせんサラリーマンですから、どれだけ年収が高いといっても２０００万円台、３０００万円台、いって５０００万円台ぐらいです。

ウォール街とシティの人はちょっと違います。

シティ（ロンドンの取引所）は、東京はダメですけど、空売りしていいんです。

だから上がる市場から儲けるのは当然ですが、下がる市場からも儲けます。

ということはどういうことができるか、皆さんわかりますね。

両方ともにヘッジをかける。

我々はヘッジと言いますけど、投資をして、おカネを回すことによって、こっちを強め、こっちを弱めということを意図的にできるわけです。

そうすると、後で話しますが、日本株が下がったときに、どこにカネが流れているのかがわかるんですね。

ウォール街では、彼らをプレーヤーといいます。

彼らファンドマネジャーたちはサラリーマンではありません。

プロ野球の選手みたいなもので、年俸契約をします。

これ以上稼ぎますというのを出すんです。

これ以下になったら罰金とか、契約はないよという話です。

彼らは社長よりも儲けます。

でも大変ですよ。やってみてください。

本当にすり切れます。

人間のいる世界じゃないなと私も思います。

ウォール街で年収28億だった伝説的な人がいます。

黒人の人でしたが、彼は特別な才能があって、次にこの株がどう動くか何となくわかるんですね。

ですから彼のもとにはずらりと有名な投資家さんたちが、俺のカネを運用しろ、俺のカネを運用しろとつくわけです。

それなりに成果を出しましたから年収28億円。

最低の年俸は決まっていますが、だいたい自分が儲けた分の定められたパーセンテージをいただくことになっているんです。

シティも同じです。

この人は有名だから名前を出しますね。

リチャード・ピースというすごいファンドマネジャーがいました。

しかもハンサムだった。

彼はもう引退していますが、ヘッジファンドを運用していました。

私の前のパートナーも彼のファンドを売っていて、彼とも親しかったんですが、彼の年俸は5億円ぐらいでした。

シティは、ここで打ち止めというファンドマネジャーの年収の金額が5億円ぐらいでした。そういう上限があるんです。

それがだいたい5億ぐらいなので、5億以上にはなかなかならない。

それでも、一人すごい日本人がいて、石油関係で、今もロンドンにいます。元は住商の商社マンでした。

個人名は出しませんが、大金持ちになっています。

彼は石油系のファンドマネジャーになって、非常に儲けたわけです。

そうやって一攫千金を狙える業界です。

ところが5年もするとボロボロになってしまう。

人間の勘は、そう長年さえているわけじゃないので、短い間にガーッと稼ぐ。

スポーツ選手のような感じです。

45歳になってサッカーでというのはちょっと無理じゃないですか。

それと同じですね。こういう世界がある。

今はフランクフルトが出てきていますが、10年ぐらい前までは、この3カ所の取引所で世界のおカネを回していた。

東京は地理的に非常に重要だったんですね。

日本経済が強かったというのもあります。

世界のほぼ全ての額面上の資産価値を持っていたわけです。

その日本がこの30年のデフレ経済で弱体化し、今では国際競争力が低下してきました。すごかった日本は、一体どうしちゃったんだろうと思いますけれども、こういう世界があるということです。

オフショアというのは何かというと、よくウェアハウス（倉庫）にたとえられます。

私はイギリス系のヘッジファンドにいたときに、研修でそういうふうに聞きました。

例えば日本で考えるとします。

浮島みたいなところ、例えば小笠原諸島があるとします。

そこをオフショアにすると、法律をつくればいいだけですから簡単です。

一応、日本領なんだけれども、そこだけ治外法権になるわけです。

そこがミソで、日本じゃなかったら違うんですけど、日本領内にあるから、一応日本なんです。

だから最終的には日本の法律内にいるわけですが、でもここは治外法権だよという、なんだかわけのわからないへ理屈で、ダブルスタンダードになっているんです。

そこに、例えば船が来ました。

物資を持ってきて、そこに止めます。

領土内に入るとオンショアといいます。

領土に入ってないと、オフだから、オフショアといいます。

ショアというのは領土、土地のことですから、領土に入っていない、ダブルスタンダードでつくった治外法権のところに荷物を置いている限り、オンショアの税金はかかりません。

これは税金対策なのです（だから、金融と政府は元来、利害相反の関係で、ルパンと銭形のような関係なのです）。

だけど国内にあるじゃないですか。

そういうことができてしまうのが英国のオフショア金融センターだということです。

そういうところを英国はいっぱい持っているのです。

しかも、それぞれに法律が違う。

だからいろいろな用途に合わせて使えるわけです。

スイス系と英国系があると言いましたが、スイス系は昔からの伝統、ノウハウがあります。

最低でも1億からとか、簡単には口座をあけさせてくれない。お客を選ぶのです。

そのかわり、一回付き合うと、ずっと付き合います（私もそうです）。

スイス系の場合は、目的がおカネを増やすことではなくて、おカネの維持だったり、あるいは秘密保持だったりします。

もちろん英国系も秘密保持は徹底してしますが、英国系の場合は、結構リテール系の金融会社がオフショアに裏会社を持っているんです。

ＨＳＢＣもそうですね。

野村さんはどうか知らないけれども、外資系はほとんど持っています。

それの本店が英国系のオフショアにあるわけです。

どういうことかというと、玄関はオンショアのリテール銀行あるいはリテール証券なんですが、おカネはオフショアに自由に行っているんです。

みんなにはオンショアの窓口しか見えてないから、ここにあるんだろうと思っていますが、違うんです。

ピューッとクリック一つで、バックドア（裏口）からオフショアの世界に行っちゃっています。

社内で移動するだけです。コンピューター上の管理だけですから、ポチッとやったらピューッと行っちゃうんです。

だから逆ですね。オンショアで稼いだものを、オフショアに移行するということです。そして、リテール金融機関の窓口を介して、世界中を前述3つの拠点（今は、ドイツのフランクフルトも入っているが）をグルリと回って、世界経済の動脈となり、静脈となっているのです。

それで問題になっているのがパナマ文書です。

金融機関は、免許を持っているからそれをしていいんです。

ところが、電通とかユニクロも名前を連ねていました。

一般企業がそれをするようになってしまっているので困っているということです。

一般企業が銀行口座をオフショアのリテール銀行に持つようになってしまった。

財務省も目をつけているみたいで、このおカネを何とか日本は取り返そうとしています。

アメリカも同じです。

アメリカも企業がそういうことをするので、何とかオフショアから取り戻したい。

だから情報を開示しろとか、私がいたころからアメリカ政府は言っていました。

アメリカ財務省は結構うるさくて、ドルはアメリカのものだから、ドルで取引しているんだから、我々は知る権利があると言うんです。

とにかく、何とかして、情報を得たい。そして、監視したい。何のために？　言うまでもなく、税金や金をむしり取りたいのです。

だけどスイスにしても英国にしても、ドルというのは世界通貨であるから、ドルだからといってアメリカ政府に情報を教える必要はないと、ずっと跳ね返していた。

ところが最近、ゴリ押ししてきて、何とかしてオフショアのカネをアメリカも収奪するぞということになっています。

アメリカ財務省が頑張って、オフショアからリテール銀行に戻そうとしたわけです。

一回オンショアのリテール銀行に入れれば、税金がかけられます。

ところがオフショアにあるうちはかけられない。

そこが微妙なところなんですね。

こういう世界があるということです。

なぜこういう話をしているかというと、こういう世界を誰がつくっているんだという話なんです。

ビットコインや、ブロックチェーンの暗号通貨も、おろすと利益などに約50%もの税金をかけてきました。

こんなことばかりするから、法定通貨が力がなくなっていくし、もっと暗号が進化して、わからないようにされてしまうのです。ちなみに、約50%もかかるビットコインの税金や手数料が、20%ぐらいになる方法もありますが、公の場では言えないので、私のクライアント以外には秘密です。

第四話

金融という
カジノのディーラー（支配者）は、
不正も自由自在！

こういう世界を誰がつくっているのでしょう。

歴史は長いです。

ロスチャイルド家の歴史よりスイスのほうが長いのですが、結局、牛耳っているところはシティです。

ウォール街ではなくて、実はシティなんです。よく日本を植民地支配しているアメリカの心臓部がウォール街なので、ウォール街が黒幕と言っている言論人がいますが、その人は、何もわかっていないようです。

違います。ウォール街ではなく、今もロンドン、シティからなのです。

今日はそのお話をします。

皆さん、反日というと韓国、中国、北朝鮮、そこで終わっちゃう人が多い。

せいぜい頑張ってアメリカまでです。

でも私から言わせれば、アメリカも犠牲者なんです。

アメリカ国民のほとんどはいい人です。

こういったことは知らないし、教えられていません。

歴史でもいかにアメリカが偉大な国かということを学ぶわけで、本当のことは学ばない。

アメリカ政府とアメリカ人は違うので、日本はアメリカに植民地にされているんですが、だからといってアメリカ人やアメリカの国家を憎むのは違う話です。

アメリカ人も我々と同じように犠牲者だということです。

私は、アメリカ人が一番犠牲者だと思います。

これからアメリカで、金融的に大変なことが起こります。

今日はその話にも触れます。

結論からはっきり言うと、アメリカ経済は過去100年、全てシティとウォール街に支配されてきた。

今もそうです。

今よりもアメリカが強い時代がありました。

それはアメリカの製造業、フォードをはじめとする製造業がよかったからです。

アメリカという国はすごくて、基礎技術を最初にいっぱいつくった。

すごいところは認めましょうよ。

エジソンもいたし、クルマにしたって何にしたって、いろいろな技術を初めに発明したのはやっぱりアメリカです。

日本はそこからある意味、盗んでと言うとあれですけど、アメリカから技術を学んだ。

でも、随分と盗んだんですよ。

それで日本のほうがもっといいものをつくっちゃった。

アメリカが初めに市場をつくり、基礎技術をつくったのにもかかわらず、しばらくしたら、あとから来たドイツと日本がいいものをつくったんです。

だからその後の製造業は日本とドイツが牽引していましたが、そのもとの技術をつくったり発明したのはアメリカです。

ですからアメリカの貢献はすごいんです。

アメリカのよかった時代もあるんです。

それはアメリカの建国のときとか、キリスト教文化がしっかりとしていたころです。

フリーセックスのアメリカじゃなくて、今みたいに集団ヒステリー状態のアメリカじゃないころ、いわゆる栄えた、古き良きアメリカのころだってあった。

でも、アメリカという国は、もうもたないんですね。

なぜかというと、この金融システムがもうもたないからです。

ウォール街もシティも東京も、ある方々がつくった金融システムにのっとっているんです。

それは過去200年を支配しました。ロスチャイルド家とかロックエラー、あと軍産複合体、デュポンや何やらごちゃごちゃいっぱいあるんです。

その下に日本の大企業がいっぱいある。

この方々が、過去200年を支配してきた。これは間違いないことです。

過去200年を支配するということは、政府を牛耳るわけです。

当然、戦争や平和といったものにも関与しているわけです。

おカネの出し入れで戦争になったり、平和になったり、一国を操ることはいとも簡単です。

私から言わせれば、日本のデフレなんて意図的につくられたものですよ。

日銀がそうしたに決まっているじゃないですか。

もっとおカネを貸し出せばいいわけです。

貸し出しはしたんですけどね。それが市場に回らず、預金されていることが日本の問題。

ところが蛇口を閉めると、やはり国内におカネが回らないから、当然、パイの奪い合いになる。不景気になるでしょう。

椅子取りゲームからあふれる人が10人に1人だったのが、10人に5人ぐらいになったら大変です。

そういうことになるわけです。

そういう金融政策も、政府がおカネを握っていないので、全部こういった方々がやっているわけです。

ここの人たちがつくった金融システムにのっとって今の経済は全て取

引されているわけです。

生業はいいんですよ。

トヨタさんにしたって、日産さんにしたって、一生懸命モノをつくっています。

サービスやモノをつくっている業界は一生懸命やっているし、そこに技術もノウハウもあるわけです。

金融というのは、別に技術もないしノウハウもない。

ただ単にモノのやりとり、価値のやりとりを媒介するだけのことです。

でも、そこに毒を注入され、そしてその媒介するシステム自体の金融システムが彼らがつくったものだったらどうでしょう。

例えば、私がカジノをやりました。皆さんカジノに来てください、私がディーラーですとなったら、私が操作することはいとも簡単です。

ラスベガスと同じですよ。

「あっ、あの人、結構儲けたな」と思ったら、今度はバシンとやってやろうとか、できちゃう。

そういう不正をしやすいわけです。

日本政府がネットの盗聴法を、どさくさに紛れて何の審議もなく勝手に通してしまった。

本当にひどい話だと思います。

そういったことを可能にした言い訳は、麻薬の取引や密売を事前に防ぎ、犯人を捕まえるためだと。

その麻薬を売買するのに、皆さんどういったところが一番バレないでしょうか。やりやすいでしょうか。

どういった組織だと思いますか。

——（会場より）○○組じゃないですか。

坂の上　○○組はダメですね。○○組はヤクザ、暴力団ですから、○○

組がやっているなとわかったら、一発でお上が来ますよね。

〇〇組が一番怖いのは裁判所（司法）です。結局、麻薬を一番取引しているのは、麻薬撲滅しましょうと言っている機関そのもの、司法を司っているところなんです。

麻薬を取り締まりましょうとアメリカも言っていますが、そう言っている人たちが、つまり、CIAが一番麻薬を密輸しているんです。

だって自分たちが逮捕する側だから、誰も逮捕しに来ないじゃないですか。

逮捕する側がやっていると一番いいわけです。

麻薬を取り締まりましょうと言っているところが、一番麻薬を売買しやすいわけです。

つまり、国家機関が一番やりやすい。

やろうと思ったらできちゃうわけです。

だから全部言い訳なんです。

カジノもディーラーが一番儲けやすい。

自分のつくっているシステムだからわかるわけです。

わかりにくかったら、カジノのディーラーだと思ってください。

この方々は、過去２００年間、皆さんが一生懸命つくったモノやサービスを売買するマーケットのシステムをつくって、そこを司ってきたのです。

だからここが不正を働けば、一発でいろいろなことができるわけです。

為替だって、いくらでも変えられる。

為替が何円か動くだけで、大企業がぶっ飛ぶんですよ。

皆さんが「営業やってこい」とかカツを入れられて、一生懸命稼いだおカネが、為替の取引で一発でパーになったりするんです。

そういったことを誰が決められるのかというと、システムをつくった者が決められるんです。

金《きん》の値段もそうです。

ごく一部の方々が決めているんです。

もちろん、相場制というのはありますが、それは建前上です。

株もそうです。

株の売買、証券取引所だって、一回証券市場に流れ込んでしまえば、何とだってなるんです。

だから、日本の年金の原資を株投資してはいけなかったんです。

上がるときは増えますが、「彼ら」のサバンナなのですから、合法的収奪をされるので、損するに決まっているじゃないですか。

初めから収奪したいから、株に投資しろと言われているだけです。

それにノーと言うのが日本政府の仕事だったのに、日本政府はホイホイ出してしまった。

そして今、兆円規模の赤字をこいているわけです（株が上がれば、また同じぐらい利益も出ましょうが、年金の元本をギャンブルしてはいけないはずです）。

これは絶対に言わなきゃいけないはずの情報なのに、ひた隠しにしている。

これを言ったら、国民は本当に怒っちゃうから。

おカネがないから、皆さんに払えないんです。

一億総活躍社会とか、死ぬまで働けということですよ。

つまり、年金はもう払えないと言っているわけです。アメリカの軍産複合体の武器商人に渡ったのでしょうか。

受給年齢も70歳、75歳にしましょうとか言っているわけです。

何でそうなっているかを今から説明します。

日本人が一生懸命働いたおカネ、貯金したおカネ、年金のおカネ、いろいろなおカネが全部こっち（裏金融）のほうに行っているからです。

どうやって行くのかというと、入口は生命保険だったり、銀行預金だったりいろいろいろです。

皆さんは収奪されている覚えがないでしょう。

例えば、私がパンチして財布を持って逃げたら、確実に私がやったということはわかります。

だけど、それよりももっとひどいことをされているのに、実際にパンチされてないし、財布があるから、気がつかないだけであって、皆さんの預金している銀行や生命保険会社といったところから、おカネがかっさらわれているわけです。

どういうふうにかっさらうのかは、別の機会に詳しくお話ししますが、やり方がいろいろあるんです。

あまりこんなことばかり言っていると、本当にサヨナラになっちゃうんですけども、今日知っておいてほしいのは、皆さん、日本国民は自由意思で生きていると思っていますね。

内海聡先生という お医者さんが、人のことを「グーミン」と書いて、ある方々からはそういう失礼なことを言うなと怒られていらっしゃるらしいんですけど、内海先生は頑としてグーミンと言うのをやめない。

なぜなら、本当にそうじゃないかと言っているわけです。

私はグーミンとは言いませんが、「茹でガエル」という言葉に変えることにしました。

バカと言ったら「何さまだ、おまえ」とえらい怒られましたので、それはやめました。

ほとんどの人が知らないんだから、確かに言葉はきつかったかなと思います。

私が何でそんな言葉を使ったかというと、自己弁護するわけではないけれど、日本の人たちに早く気がついてほしいんです。

自分たちがどれだけ収奪されているか、奴隷状態同然だということをわかってほしくて言っているんです。

怒りを持ってもらわないと、立ち上がらないし、自分で調べないじゃないですか。

はっきり言って、日本にはあと数年ぐらいしか残ってないんです。

何でそう言えるのか？

今はもうなくなりましたが、郵政省という省があったじゃないですか。

裏の金融システムをつくり、運営されてきた方々は、郵政省をつぶす力も持っているんです。

それぐらい一国を何とでもできるんです。

何で郵政省をつぶしたか。

何で小泉純一郎にそんなことをやらせたのか。わかりますよね。

郵便貯金のカネが欲しかったんですよ。

あの１５００兆円が欲しかった。

実行部隊はアメリカですから、常に、アメリカＣＩＡ、アメリカ軍に日本の植民地支配と「年次要望書」という、日本を奴隷にして、日本からいかにカネと国益、市場、土地、水、たね、食料、技術を合法的に収奪するかが記された「日本政府への命令書」を叩きつけます。日本のトップは誰が首相でも関係なく、このアメリカからの年次要望書という「命令書」に従い、政策を組みます。

日本の政権与党がどこであれ、誰が総理であれ、操り人形なのですから、関係なく、アメリカの意向が、日本政府の国家政策となります。財務省と、最高裁のあるポジションの公務員が呼ばれ、そこで全て決まります。だから、誰が総理でもそこで決まらないので、どうでもよいのです。

そもそも、ゆうちょ銀行をつくる必要はなかったんです。

上場する必要もなかった。

何のために上場するのでしょう。

この中に企業経営者はいらっしゃいますか。

御社が上場するときは何のために上場するんですか。

――（会場より）市場からおカネを集めるためです。

坂の上　そうですよね。市場からおカネを集める必要がゆうちょ銀行にあったでしょうか。

ないんですよ。おカネはたくさんあるんだから。郵便貯金の預り金1500兆円が。

それなのに、この人たちがゆうちょ銀行の株を買い占めたいから、そして間接的に乗っ取りたいから、ゴールドマンをつけて運用させたいから、わざわざ上場させただけの話です。

もうここでおわかりでしょう。

私が日本は植民地だと言っているのは、こういう状態だからです。まさに、植民地の受ける哀れな扱いそのものだと思うじゃないですか。

普通、植民地がされることを、今の日本はされているわけです。

本来、日本が独立国で、ちゃんとしたまともな政府があったら、ノーと言わなきゃいけないんです。

明治政府なら言いましたよ。

坂本龍馬なら言いました。

安倍晋三は言えなかったんです。殺されるから（結局、暗殺されたけど）。

こんなことを言うと、私はまた安倍信者から怒られるんですけど。

小泉さんも言えない。「彼ら」に正論を言える人は誰もいない。

指令はロンドンから来ているんです。ＭＴさんは「ウォール街から」

と言っていますが、不勉強です。

本当のコアの部分をこの方はご存じないことが、この一言でわかってしまいました。

国際金融、オフショア金融が全くわからないので、よく知りもしないので、その程度までしか知識がないのです。つまり、金を取れる情報、インテリジェンスではない、ということ。

日本では、この程度で作家であり専門家です。しかし、本当のことをわかっていません。コアは、そこにはないことを知らない。ほぼ全て、最初に、ロンドン、シティで決まっていることなのです。それが、下請けのアメリカ政府とウォール街に落ちるだけ。大本はシティです。ロスチャイルドです。

敵は、政府内や財務省内や社内にいっぱいいるんです。

買収されているから、何とでもなります。

こういった方々は、家族や一番近い友人や、そういったところに自分たちの刺客を送り込んできます。

失脚させるためになんでもします。

スパイと結婚させたりとか、よくある話です。

あまりいないらしいんですけど、ハニトラにひっかからないような男性だったら、脅しネタが取れないから、無理にそういったウソ八百をつくらせるんです。

例えば、私があなたの部屋に行って、「キャー、犯されました」と言って泣いたり。

そういうのを送り込んでくるわけです。

失脚させようと思ったら何とだってできるわけです。

男にはカネと名誉と、地位をやり、女を抱かせる。そして、ゆすり、コマにする。相手が女なら、さぎ師にでっちあげたり、ほかのエサを与えられる。

今、政治家でぬくぬくと、と言うと失礼ですけれど、残っている人たちは、何の力もないから残っているんです。残しててていいわけです。日本で総理になる人は、総理にしてもいいぐらいに気骨がない腰抜けで、弱虫だからなっているんです。操り人形ですから。

本当に実力がある男は、日本では総理はできない。植民地だからです。だから平沼赳夫先生とか、そういった方々は干されていくわけです。

亀井静香先生もそうです。

すばらしい政治家はどんどん弱っていく。

そういう方々がいなくなったら、本当に日本はとんでもないことになる。

日本は今、腰抜けの官僚と政治家しかいなくなってしまった。

日本ではもうサムライは死んだ。

ロシアのプーチンさんみたいな強い男、愛国者で、命がけで国を守る男はもう今の日本にはいない。腰抜けばかり。

だからここぞとばかりに、彼らは収奪の限りを尽くしているわけです。日本にとって不利な法案ばっかりどんどん通させるわけです。

ですから、何回選挙をやっても一緒だと言っているんです。

どうせ自民党が勝つに決まっていますが、自民党が負けようが勝とうが、ほかの政権ができようが、結局、ロスチャイルド率いるロンドン、シティ、国際金融資本とその配下の軍産複合体に直結する裏金融が日本を牛耳っていますので、どうしようもないんですよ。裏金融といいますが、本当は「裏が表」なのです。裏が表の全てを牛耳っています。そこが見えてない人ばかりですから、情報の底が浅いというのです。日本では、それが専門家です。コアは知らない。

そして、日本が植民地である以上は、日本が独立しない限りは、皆さんは気がついていないだけで、ずっとおカネを収奪され続けるわけです。

皆さんはそのために存在していると彼らは思っています。

もちろん、皆さんはそのために存在しているわけではないんですよ。

自分たちの愛する家族や友達や、自分の夢やビジネスや仕事や、そういったもののために生きているんだけれども、皆様が知らないところで、この方々の奴隷になっているということです。

韓国もそうです。

韓国のことを保守系の方々は笑うんです。

あんな貧しい国になっちゃって、世界中に売春婦がいっぱい行って、韓国に生まれなくてよかったとか、結構ひどいことを書いている人がいます。

でも私から言わせれば、日本人も同じなんです。

日本人だってどれだけ収奪されているか。

韓国のほうが、まだ日本よりはましだと私は思います。

日本の総理は、ここまで国家反逆罪のようなことを政策としてやってでも（やらされても）、元気な日本をここまで弱らせ、解体し、売り飛ばしても（年次要望書のとおりに）、総理を辞めても、逮捕されないじゃないですか。処刑もされない。罪に問われない。日本の司法では、元総理の犯罪は見逃しています。しかし、韓国は違う。歴代の大統領は、だいたいが、辞めたあとに、逮捕されて、刑務所に送られている。日本人が蔑《さげす》む韓国の司法のほうが、日本の司法より正常で、機能しているのですよ。

日本人は何も知らない。

日本から収奪されたカネが、どこに行くのかを。

どうやって収奪されて、迷宮入りしていくのかを。

こんなコアを知らないでも、日本では専門家……。

オフショア国際金融を知らずして、何を知れるというのでしょうか？笑ってしまいます。ただ、何も知らないだけで、皆さんのおカネは垂れ流しのようにどんどん吸い上げられています（どうやって止めるかも知らない）。

では、どこが吸い上げているのか。

わかりやすいのはアメリカです。アメリカ政府が脅してくるんです。

第五話

日本人は全員奴隷です！これからいやでもそのことがわかってきます！

あれ買え、これ買え、規制緩和しろ。

規制緩和しろということは、政府の権限を弱めろ。

つまり、俺たちの言うことを聞け「お前のモノ、市場を俺によこせ」

ということです。

でも、アメリカだってこれをやらされているわけです。

皆さん、せいぜいアメリカまでしか見えてないけれど、アメリカを牛耳っているのはどこかというと、ウォール街とシティです。

その上には誰がいるんですか。

この世の王がいますね。

いわゆるごく一部の国際金融の方々です。

正直言って、国をつぶすのも、経済を強めるのも弱めるのも、この方々のさじかげん一つです。

なぜならば金融を握っているから、オフショア権を握っているからです。

アメリカでも、こういうことをやめよう、通貨発行権をアメリカ政府のもとに取り戻そうと頑張ってやった人は、だいたい殺されています。ジョン・F・ケネディもロバート・ケネディもそうです。

ある人が、日本政府に「通貨発行権」を日銀から取り戻せたらよい、と言っていました。それはそうなのですが、今のアメリカの奴隷となった日本政府に「通貨発行権」が戻っても、結局、操られたまま、日本のためにはなかなか活用できないかもしれません。日本が真の独立国にならないことには。

私はトランプさんにぜひまた大統領になってもらいたいなと思っているんです。

トランプさんの後ろにどういった方がついているかも知っていますが、そこまでは言いません。トランプさんが大統領だったら、ロシアとウクライナの戦争は起きませんでした。ウクライナ利権で儲けるバイデンやヌーランド、ペロシ、アメリカ民主党のうさんくさい面々が、ウクライナを牛耳り、ロシアを挑発して、ロシアが自衛のために戦わないといけないほど追いつめて、ウクライナとロシアを戦争させて、第三次世界大戦を企ててきた。アメリカの戦争です。

アメリカにウクライナと台湾で戦争を起こさせるために、バイデンを不正選挙で勝たせ、トランプを失脚させたのです。

唯一、トランプさんだけがDSや、ロスチャイルド支配からアメリカを救い出し、解放し、DSに乗っ取られているアメリカ政府をアメリカ国民の手に取り戻せる人でした。

バイデンは、ウクライナと台湾を戦争させることと、第三次世界大戦に誘導するために、不正選挙でアメリカ大統領になった人です。トランプさんがアメリカ大統領だったら、ゼレンスキーを失脚させて、ウクライナから、ＤＳを引き上げさせ、ウクライナ軍のネオナチを逮捕させたでしょうから、プーチンがウクライナで虐殺されていたロシア人やウクライナ人を助けるために、ロシア軍を出す必要もなかった。つまり、ウクライナで戦争は起きなかったのです。

アメリカ国民からいかに収奪して、アメリカという国をつぶしてでも、この方々に媚を売るのがアメリカの政治家の仕事なわけです。

日本の政治家もだんだんそうなってしまいました。

20年ぐらい前まではそうではなかった。

気骨がある政治家もいました。

田中角栄がいた。田中派、小渕派、みんな突然死ぬじゃないですか。

心不全、行方不明。そして坂の上零も干されるわけです。

皆さんが見えているのはせいぜいここまでですが、国際金融の方々が過去２００年の金融システムを牛耳ってきました。

彼らが金融システムを牛耳っている限りは、この地球上に希望はないんですよ、皆さん。日本も希望はないです。

私も含めて、皆さんはずっと奪われるだけ。

私の子どもたちも、生まれながらに奴隷なわけです。

日本に生まれたということは、奴隷として生まれたということです。

日本人から収奪する手先になっているのは、残念ながら日本政府です。

本来、日本政府は日本を守るための政治をするところなんですが、今はその日本政府が率先して日本を売り飛ばしているわけです。

グローバリズムとか、新自由主義的な経済政策を推し進めるということは、日本をどんどん解体して、日本という国をなくすわけです。

移民とか、ＴＰＰとか、経済特区とか、全部そうですよ。

外国人なんちゃら法とか、留学生だけタダとか、外国人ばっかりなんですよ。

馬渕睦夫先生と対談して、この話もしました。

それはユーチューブの「NAU TV：REI SAKANOUE」で出ますし、ニコニコ動画、ランブル（https://rumble.com）、Vimeoなどにも出しますので、ぜひチャンネル登録して見ていただきたいです。

ユーチューブでは坂の上零の動画はすぐ消されてしまいますので、お早めにどうぞ（該当の動画は刊行時には削除されている場合があります）。

今度、京大総長と文科大臣に公開質問状を出そうということになりました。

回答しなかったらしなかったで構わないんです。

回答しなかったというのが一つの回答です。

京大は留学生を受け入れすぎて、中身がひどいことになっています。

これは今日のテーマから外れますので「NAU TV」をごらんいただきたいです。

日本がこういうさんざんな状態になっているにもかかわらず、どんどん移民を入れましょう、とやっている。

日本人だって労働者、人間の考え方が劣化してきていますから、元の高尚な考えを日本人が取り戻す必要がありますが、やはり、日本は日本人の国です。日本人が住んできたから、日本となったのです。それが外国人主体の日本になれば、国名だけ「日本」でも国体や、文化、国のレベル、中身はガタンと低下し、日本ではなくなってしまいます。それでよいでしょうか？　よいわけない。

しかし、政府は移民ばかり入れている。日本の永住権を大安売りしている。どんどん外国人に仕事をさせようとしているわけです。

安倍政権はそういう政策を経済戦略、成長戦略だと言っていました。

保守の私もだんだん嫌われてきまして、周りの保守派の人たちから会ってもらえなくなってしまった。

でも、ジャーナリストや作家が黙ったらもう終わりなんですよ。

ほとんどのジャーナリストや作家さんは今、売国をやめない日本政府、自公政権に媚を売ることばかりしています。

私みたいに真実を、解決法を、ほかに誰か言っていますか。

こういったことは馬渕先生と私ぐらいしか言ってないじゃないですか。

もうちょっと言ってもいいと思います。

みんな韓国や中国の悪口で終わっている。

誰とは言いませんが、ほとんどの保守の言論人がそうです。

慰安婦がどうだ、南京虐殺はなかったんだ、ユネスコに行って何をしました、国連に行って人権問題を訴えました。

それも大事なんですけど、それでは何の解決にもならない。

自分がこれだけやってますということをアピールしているだけですね。

恐らく次の選挙のためでしょう。

あるいは、保守ビジネスと言われる人たちも出てきました。

そういうふうにしているとおカネが儲かる。

寄附金が入るんです。

そういうふうにしていると彼ら（世界を牛耳っている人たち）が喜ぶ。

なぜならば、中国、韓国、日本を分かちたいから、戦争してもらいたいからです。

皆さん、アジア人同士で戦っている場合じゃないのです。

一番の敵は中国人でも韓国人でもない。

アメリカでもないんです。

ロンドン（シティ）の裏金融と国際金融資本とその配下の軍産複合体なのです。

誰も語らない。ここからいかに日本を独立させるかということを考えなければいけない。

中国も韓国もアメリカの政策により、意図的に反日国家にさせられているんです。

日本と敵対するために。将来戦争になるために。

皆さん、中東の地獄を見てください。

イスラエルからイギリス軍が撤退するとき、ちゃんと撤退していればこんな問題にはならなかったのに、わざわざパレスチナと戦争になるように混乱をつくり、めちゃくちゃにして出ていったんです。あとで、戦争になるように。

つまり、戦争になってもらったほうが食えるんです。

いざこざがあったほうが食える。右や左じゃないんです。カネなんです。カネと利権のため。

日本だって、日教組や共産党をつくったおカネはどこから出ているんですか。

アメリカです。ＧＨＱがやったんです。違いますか。

中国を共産主義国家にしたのはアメリカです。

ベトナム戦争のときだって、ベトナムと戦っている最中に、敵におカネをバーンと支援して、わざとアメリカが負けるようにしたのはアメリカ自体じゃないですか。

現場で戦っているアメリカ兵士は気の毒ですよね。

みんなアメリカのために、正義のためにと洗脳されて戦うんです。

シリアに行っている方々もそうです。

みんなＩＳが悪いやつだから、やっつけなきゃいけない。

テロリストを撲滅するために我々は戦っているんだ。

ウソこけ。笑わせるな。

一番のテロリストはウォール街にいるんじゃないですか、皆さん。

ホワイトハウスにいるんじゃないですか。

ＩＳＩＳは、ＣＩＡの支援を受けて、ＣＩＡがつくったようなもの。ウクライナのネオナチのチンピラ軍団、つまりウクライナ軍も、テロリスト集団ですが、背後にいるのは、アメリカ、ＣＩＡです。

アメリカがネオナチを育て、カネを出している。ウクライナでロシア人を虐殺し、中国が日本の民間人に対してやった通州事変のような、人間がしたと思えないほどむごたらしい蛮行の限りを尽くしてきたテロリスト、チンピラ集団のウクライナ軍の背後にも、アメリカ、ＣＩＡがいる。ゼレンスキーなど、アメリカ民主党とＤＳの操り人形にすぎない。

でも、そこまで気がつく頭があるアメリカ人があまりいないのでラッキーなんですね。

だけど、だんだん気がつく人が出てくると、「何だ、我々は無駄死にじゃないか。ただ使われているだけだ」ということになるわけです。

ですから皆さん、アメリカ人を憎んではいけないです。

我々はアメリカにめちゃめちゃにされていますが、アメリカが悪いのではなくて、アメリカを牛耳っているこいつらが悪いんです。

だからアメリカも犠牲者なんです。

最後にまとめますけれども、これからアメリカで何が起こるのか。

第六話

あまりに罪深い人間の世、
世界は救われるのか⁉
最後の砦は、日本‼

坂の上　COCONAU TVは英語放送なんですけど、COCONAU TVのテイク10を見た方はいらっしゃいますか。誰も見てないのか、悲しいな。

――（会場より）干ばつですよね。

坂の上　そうです、干ばつです。

では、せっかくですのでご紹介します。

干ばつなどの自然環境に詳しいXさんです。お立場をあまり明かせない方ですから、Xさんとします。

X　Xです。（拍手）

干ばつでアメリカの存在はあとわずかです。

アメリカの国は、たぶん2～3年しかもたない。地下の水がなくなっています。

坂の上　本当です。金融的にもそうです。日本もなのですがね（日本がアメリカ追従をやめないので）。

X　私は8年前から干ばつの勉強を始めた。

特にアメリカのミシシッピー川より西のほうの半分で、あと2〜3年で人が住めなくなっちゃう。

全員移動しないとダメですが、それは不可能です。

アメリカ自体が間もなく崩壊します。

私、経済はあまり詳しくない。

でも、これは信じて。科学的に地下水の量をはかることができる。

それで私は2〜3年だと。地下に水がもうなくなってきているのです。

水がないと農業もダメ。食料生産も水がないとできない。もうすぐ食べるものと水に困りはじめます。

なぜかトランプはまだ殺されてない。できないからです。

トランプを殺すと、内乱になる。

民兵組織は10万人。連邦政府反対の国民です。

みんな銃を持っているんです。

坂の上　ならば、アメリカでは自衛のために、銃を持っていたほうがよいですね。この話になったから、今日はテーマが違うんですけど、ちょっと話します。

皆さん、リーマンショック以上の、強烈な世界同時破産、アメリカ国家破産が起こると思います。

アメリカはもたないんです。

だから第三次世界大戦をやりたくてしょうがない。

だから、借金チャラにするために、デノミもして、新しい電子マネーをつくりたくてしかたない（アメロというマネーも前から、つくろうとしてきた）。

戦争しないとアメリカが終わるから、日本から早く収奪しなきゃいけない。

アメリカが今狙っているカネは、農林中金の400兆円です。

本当に日本の政治家が日本を売り飛ばしているのです。

そういう人が総理や政治家や官僚をやっているから、日本は浮かばれない。

でも、大チャンスなんです。

このときに日本がやっと日本を取り戻せる。

やっとアメリカの呪縛から外れられると思ったら、今、日本はNATOでもないのに、NATOに9兆円も出し、ロシア制裁に加わった。日本のカネで、アメリカはウクライナのネオナチ（ウクライナ軍）に武器をやり、ロシア軍を攻撃しています。

ロシアの側につけば、日本には未来がありましたが、またしてもヤクザ・アメリカの情婦の日本は、アメリカに言われるまま、ロシアを敵に回してしまった。アメリカから自由になれるチャンスを失った。

この世の君（真の支配者）は、坂の上零の『天使になった大統領』1巻〜8巻を読めばわかりますが、彼らの、彼らによる、彼らのための地球にしようとしているんです。

そのためには、伝統がある、格式がある、民族がしっかりしているイギリスや日本、ドイツ、フランスみたいな国が邪魔なんです。

特に王室のあるイギリス、皇室のある日本、こういうのが嫌いなんです。

なぜならば、民をバラバラにして互いに対立させていたいのに、一致団結してしまうから。

日本人が一致団結したら怖いということを知っていますから、させないために男をオカマみたいにして、毎日テレビにオカマを出して、拝金主義、個人主義にして、右や左やいろいろな派閥をつくって戦わせて、対立構造をつくっている。

慰安婦がどうとか、「○○だ、ヤー」と言っている人たちは、彼らに踊らされているわけです。そういうことをやっている場合じゃないんです。

慰安婦は商業売春婦で高給取りだったわけで、日本軍はお客ではあっても、女性を無理やりつかまえて、売春を強制したことは一切ないのです。

朝鮮徴用工も、強制連行はしておらず、日本人と同じ金額の給料をもらって働いていた炭鉱夫にすぎないので、韓国が日本に賠償を求めている強制連行も、強制売春も、実際全てウソであり、韓国の「ゆすりたかり」でしかないのです。

今は日本人同士が団結するときです。

右や左や、保守や革新なんて、どうだっていいんです。
それよりも、日本という国が、本当に昔からの日本のあり方に戻るべきだと思うんです。日本だって、もう危ないのですから。

X　日本がよかったのは、中心の柱があります。
それは天皇陛下です。ほかの国にはないんです。
日本にはあります。
それは本当に助かります。

坂の上　フランスは王室をなくして後悔しているそうです。
フランスもフランス王室があったらよかったなと今、言っているんです。
個人主義でバラバラになっちゃって国がまとまらない。
スペインは一回壊したけれど、また戻したじゃないですか。
それぐらいに必要なんですよ。

特に日本の皇室は、ものすごく長い歴史があるわけですから、悪いけどアメリカや国連なんかにとやかく言われる筋合いはないんです。はっきり言って、私は日本という国が将来的には世界を救っていくんだと思っています。

じゃ、日本の国って何ですかといったら、領土や領海だけではありません。

皆さんそのものなんです。

日本の国がすばらしいのは、日本国民がすばらしいからです。

別に自画自賛じゃないですよ。

うぬぼれたくて言っているのではなくて、本当にそうなんです。

日本人は１００代さかのぼらなくても、25代さかのぼっただけで恐らくみんな親戚です。

私と親戚になりたくないという人もいっぱいいるかもしれないけど、

親戚なんですよ、皆さん。

必ずどこかで一致します。

室町時代まで行ったら、みんな大家族ですよ。

神武天皇のころまでさかのぼったら、みんな同じ人から生まれているんですよ。

そうじゃないですか。

誰にだって2人両親がいて、その両親にも2人の両親がいる。掛ける2、掛ける2とやっていったら、だいたいどれだけの先祖がいるかわかりますよね。

100代ぐらいさかのぼったら、ウン億人ぐらい先祖がいるんです。じゃ、その当時、ウン億人も日本にいたのかというと、いないですから、皆さん兄弟姉妹なわけです。だいたい戦国時代でみんなどこかで必ず先祖が重なる。

ですから日本人は、坂の上零なんかと一緒になりたくないと思うかもしれないけど、本来は同じ血が流れているんです。

我々は、実は天皇陛下の遠い親戚でもあるんです。

天皇家と関係があるのは皇族だけではなくて、我々もそうなんです。

だから臣民なわけです。

そこを学校では絶対に教えない。

なぜなら団結しちゃうから。

ありもしない差別をつくり、対立をつくり、いがみ合わせておくほうがいいわけです。

だから左翼だ、朝鮮だと言っているのはバカみたいな話であって、日本人は日本人同士、もともと我々がどうあったのかというところに戻るべきだと思います。

テレビをつければ、私の顔のようなハーフのような人がずらっと並ぶわけです。

そして国際結婚しましょうとか、やれ外国人はカッコイイとか、海外に留学しましょうとか、英語を話しましょうとか。

大いに結構なんですけど、日本がすばらしいのは、我々の遺伝子、血統にあるわけです。

これを言うとまた民族派だとかヒトラーだとか言われるかもしれないけれど、本当にそうなんですよ。

日本の遺伝子、血統は、アダムとイヴぐらい古いんです。

この血統と遺伝子に価値がある。

皇室に価値があるのは、Y染色体をずっと守ってきているからです。

それを皆さんも薄いですけど持っているわけです。私も持っている。

これを彼らは根絶やしにしたい。

だから移民を受け入れろと言っているんです。

日本民族を抹殺したいんです。

スペイン人が南米に行って、どんなことをしたか、皆さん知っていますね。

まずキリスト教を布教してから、あとは女と子どもをボコボコにして強姦しまくっていくわけです。

抵抗したら虐殺する。ものすごい殺し方をしました。

皮を剝いだり、耳を切ったり、鼻を削いだり、そういうひどいことをするわけです。

その当時のマヤ帝国とかアステカ帝国の先住民はもういないじゃないですか。

みんなスペイン人との混血です。

だから半分白人みたいな顔になっています。

あれは意図的にしているわけです。民族浄化、根絶やしですよ。

それと同じことを日本でもやろうとしています。

やれ移民を入れろ、やれＴＰＰだ、特区だ、グローバル化だと言って、どんどん皆さんが外国人と結婚するようになったら、日本人は減っていきます。

さらに、パンデミックをでっちあげて、人工ウイルスをバラまき、ワクチンを打たせる。これを打てば終わりです。人間への遺伝子組み換え。日本人の子どもたちまでワクチンを打たれてしまった。日本人の人口がどんどん減るし、ワクチンにより、まともな人間がさらに減るでしょう。

ワクチンを打った人は「ワクチンＳＯＳ」で、解毒をしていますので、早めに毒を抜きましょう。ワクチンを打った男女から生まれる子どももかわいそうですから。
●ワクチンＳＯＳ（https://goodheartdoctor.org）（①ワクチン拒否したい人、②ワクチンを打ってしまった人で、解毒したい人）

日本を少子化にしようとしてきたのは、何を隠そう厚生労働省ですからね。

政府が何か少子化対策をするたびに、日本の少子化は進行してきたんです。

だから政府が少子化対策なんてやらないほうがいいんです。

あれは少子化を進めましょうと言っているわけです。

さらに、このワクチンです。日本民族、ホロ●●ストですよ（麻薬を取り締まりましょうと言っているところが麻薬を密売しているのと同じです）。

日本で少子化を阻止しましょうと言っているところが、少子化を推進してきたわけです。今はワクチンで日本の大切な子どもたちを●●しているのです。

日本の中の大和民族、我々を少数派民族にして、朝鮮や中国やいろいろなものを入れて、国家を乗っ取ろうというのが移民政策やTPP、国際化（グローバル化）、新自由主義や、故安倍元総理が言っていらしたことなんです。

経済政策も全てそうなんです。

つまり日本をなくそう。日本人を根絶やしにしよう。

NHKもそうですね。「マッサン」なんかそのためにできたようなテレビドラマですよ。

あれは洗脳です。

何で最後に国際結婚して、幸せそうなカップルの写真をボコボコ入れなきゃいけないんですか。

あれはサブリミナルだと思います。

あと、絶対にテレビがやらないのは、天皇陛下のこと。

昨日は昭和の日でした。「昭和天皇の日」と何で言えないんですか。

みどりの日って何ですか。

日本の休日の名前さえ、天皇陛下の名前をつけられないようにしちゃったわけです。

学校で教えないために。

それぐらいに日本国民と天皇陛下を分かとうとしているわけです。

それは左翼勢力だけがしているのはなくて、左翼勢力の後ろにいるのはアメリカであり、アメリカの後ろにいるのはこの国際金融の方々です。

その同じ方々が韓国の後ろにも、中国の後ろにもいるわけです。

だからプーチンさんは今、頑張っているわけです。

本当はプーチンさんを応援してあげなければいけない。

プーチンさんが大統領をやっている限りは、日ロ同盟だっていいかなと私は思います。

アメリカが許さないけれど。これからの食糧確保のことを考えても、ロシアと外交をしておくべきかなと思うんです。

安倍さんが唯一功績を残せたとしたら、プーチンさんとそういう関係をつくれたかどうかだったんですが、ロシア制裁をしたので、もう無理ですね。

まとめますけれども、日本は危ない。もう国の終わりの形相を見せています。日本は今、「国って、こんなふうに終わっていくんだなぁ」という予兆が、あちこちに見えています。アメリカも、イギリスも、ドイツも、フランスも……。G7、G20の国々はみんな、終わりの始まり。世界恐慌まっしぐらですね。

アメリカが破産したら、大量に保有している米国債がパーになります。

私が金融にいる10年ぐらい前から、アメロという通貨をつくろうという話がアメリカでずっとあったのです。

その当時はオフレコだったけど、今は言ってもいいですね。

アメロって、何じゃそれ、何の冗談かと思いますけど、冗談みたいな世の中になっているじゃないですか。

三菱東京UFJ銀行なんて、冗談みたいな名前だなと思いましたが、いまだに堂々とあります（現在は三菱UFJ銀行）。

合併してできたとき、道を通った親子が新しい銀行名が書かれた看板を見て、「なんか冗談みたいな銀行だね」と言ったんですけど、そういう冗談みたいな通貨をアメリカもつくろうとしていたわけです。

そして、やることといったらデノミ政策です。

つまり、ドルの価値を思いっきり下げて、今までの借金をチャラにしようということです。

とにかく債権者に泣いてもらいましょうという話です。

その債権者の筆頭が日本です。

日本のインフレも米国債を売ればドルとの値をガタンと縮められます。

でも、売れないです。

つまり、カネを返せない、泣いてもらいましょうということです。

日本国民の預貯金をできるだけ収奪する。

そのためにゆうちょ銀行をつくり、上場もさせ、株式にも投資させ、シャンシャン会議をやって、年金担当運用者を一人も呼ばずに２０１３年に勝手に決めてしまった。

それで皆さんの年金原資は収奪の限りを尽くされているわけです。

それを止める政治家は誰もいない。

自民党も立憲民主党もテロ集団だと言っている人がいますが、本当にそうだなと思います。

こういうことを止めるのが政治家だけど、一緒になってやっているんですね。

官僚にも止める人はもういません。

官僚も政治家も確かに真面目な人は多いんです。

何とかしようと思っていろいろな会議をやっていますが、個別の話で終わっているんですね。

やれ多様化をどうするかとか、やれこの防衛はどうするかとか、やれこの病気に関してはどうするかとか。

だけどそんな会議をやっていてもしょうがない。

ここを見ない限りはどうしようもない。

彼らが地球をどのようにしようとしているかは、また別の機会に詳しく話しますが、とんでもないことをしようとしています。

そのためにTPPもあり、グローバリズムもある。

彼らはものすごい力があるから、政府を動かせます。

彼らのほうが政府よりも数段上です。

言うことを聞かなければ殺せばいいんですから、何とだってなるわけです。

彼らが地球を牛耳っていて、日本を好き勝手にしていると思ったらいいわけです。

その実行部隊がアメリカであり、日本政府であり、暗殺部隊がアメリカ軍なんです。

だから米軍が日本にいるわけです。

日本の国士や要人を殺すため、または脅すためにいるんです。

決して日本を守っているわけではありません。

こんなことを言うと、またアメリカから怒られますけど、でもそうなんだもの。本当のことを言っているだけです。

アメリカ軍の人もそれを知らない。

知っているのは、ごくトップの人たちだけです。

アメリカ軍のほとんどの人は善良です。

日本を守っていると本気で思っています。そう教えられますから。

だから下っ端の人に言ってもしょうがない。

でも私は、正直言って、アメリカの崩壊を待っています。

アメリカが崩壊してくれるときは、世界の大混乱なんですけども、日本が独立する最大のチャンスなんです。

この機を逃してはならない。

でも、今の日本人は骨抜きになっていて、こういったことを官僚も知らない、政治家も知らない。

こういったことをちゃんと言うのは馬渕睦夫と坂の上零だけです。

これじゃ少なすぎる。もっといろいろな人に言ってほしい。

保守の言論人は、本当はこういったことを言うべきじゃないですか。

ところが、安倍さんたちがやってきたことを批判すると仕事がなくなるから、政権批判したくないんです。

中国、朝鮮を批判しておくと、本も売れるからいいわけです。

保守のほとんどの人も、しょせんは商売でやっているんです。

本当に保守だったら、現在の経済政策に反対しなきゃいけないはずです。

表立って言わないでしょう。

おかしいじゃないですか。

言うと仕事がなくなるからですよ。

みんなおカネのために動いているんです。

自由になるためには、自らの手に「稼ぐ力・生きる力」をつけないといけません（①次世代リーダー稼げるWEB事業家育成塾　http://geniusnau.com　②NBS官民協働ブレイクスルー経営成功会　http://breakthroughnau.com）。

いずれにしても、日本はもうギリギリのところまで来ています。

もってあと3年です。

何で3年かというと、ゆうちょのおカネと、日本で唯一残っているJAと農林中金のカネを今、アメリカが日本政府を通じて収奪にかかっているんです。

解体して収奪しようとしている。

それが奪われてしまったら、日本はもう終わりです。

ただの貧しい国になる。

そして、トロイの木馬じゃないけれど、移民をドカドカ入れて、内部からグチャグチャになっていく。

移民がドカドカ入ってきたら、核兵器を1000発ぐらい撃たれたようなものですよ。

日本文化がなくなってしまいます。

皇室だってどうなるかわからない。

だから早いとこ、我々が提案している入国制限法案を可決しなければいけないいけれども、今の日本政府では無理です。

では、どうやって日本は独立するのか、生き延びるのかということは、私の別の講演でお話ししたいと思います。

秘策があります。

でも内緒ということですね。

どうもありがとうございました。（拍手）

坂の上零　さかのうえ れい

1972年１月25日、兵庫県生まれ。幼いころより自然にピアノを弾いて遊び、自作の絵本や物語、マンガを描くようになる。６歳から本格的にピアノを習い始めジャズピアニストを志して上京。ジャズピアニストとしてプロデビューを果たす。都内を中心にライブ、コンサート活動を行う中、映像の作曲などを手掛けるようになる。

インドに縁が深い。マザー・テレサから、世界でただ一人、マザー・テレサの名前を冠した音楽を出してよいという許可をもらった。いろんな有名な歌手が訪ねたが、誰も許可を得られなかった。坂の上零が作曲した「Song for Mother Teresa」と「交響曲　マザーテレサと神にささげる　全５楽章」の楽曲の第３楽章のソプラノのパートに、マザー・テレサからのメッセージを歌詞にして歌にしており、さらに、第４楽章のバラード版の楽曲を交響曲とは別に２パターンつくった。

音楽活動の場を海外に広げたものの心の支えであった婚約者が悲劇に見舞われ、音楽活動から離れてしまう。事故で顔を失った最愛の人の自殺未遂、生き別れなど大きな苦難に見舞われ、生きることに絶望したが、自殺しないために、苦しみを吐き出すために、小説を書きだした。その最初の作品が、大作『天使になった大統領　全８巻』（現在、４巻まで出版）となった。

あることがきっかけで国際金融に携わる。後に日本で初めて保険金受領権をつくり、保険受益権を誕生させた。複数の発明を成し、世界特許を取得。日本社会を根底から助ける新しい金融システムの発明家であり、この発明に基づく事業家でもある。

これら英国系オフショア金融などの経験を生かして、政治経済のライターとなり、過剰なグローバル経済政策から日本を守るため、政策・法案提案などの政治活動を開始。

現在は、日本企業とインド企業のビジネスマッチング、インドでの日系企業や外資企業の事業展開をサポートするインドを中心とした海外コンサルティングビジネスを展開している。インドでの JAPAN EXPO などの展示会やイベントを運営しており、トップルートでのビジネスマッチングも提供している。インドで JAZZ FESTIVAL と JAPAN EXPO を同時に開催する計画を練っており、現在、スポンサー企業を募っている。

2019年、医食同源 NAU・はこぶね組合を立ち上げる。５つの自立【①食と水の自立（自然農法のオーガニック食料の生産）、②医療の自立（治す医療）、③マネーと金融の自立、④経済の自立（次世代の産業技術の事業化）、⑤エネルギーの自立】を目指して、全国区に「はこぶねコミュニティー」の基盤をつくっている。現在では、淡路島を含めて、天然の種や農業、自然、森林、ミツバチ、生命循環、大地、水源、地方産業や伝統、匠の技などを含めて、まとめて衰退から守り、本当の日本を復活する里山 NAU ビレッジづくりを展開している。行き詰まっていく現代文明と世界経済が崩壊した後も、持続可能な社会をつくれるように、次世代の新しい社会体制をつくっている。コンセプトは「天がつくりたかった世界を地上につくる。自らが愛の人になって、地上地獄を地上天国に変えていく」である。

また、音楽活動も再開し、REI SAKANOUE の AQUARIUS というジャズバンドでもコンサートを定期的に行っている。ピアノ演奏と歌だけでなく、ジャズ以外にも交響曲やピアノコンチェルト、ポップス、ハウス系ダンス音楽、アシッドジャズ、フュージョン、ラテン、サルサ、ボサノバ、バラードなど、幅広いジャンルの音楽を作詞作曲し、ライブ活動を行っている。

（①医食同源はこぶね組合：https://www.hakobune.co　②インドビジネス展開／JAPAN EXPO：https://angelbankjapan.jimdo.com　③ドクターズブランド　志ほんもの大賞：https://coconau.com　④ REI SAKANOUE ファンクラブ：https://www.reisakanoue.com）

誰も語れない
オフショア金融センターの秘密！
なぜ日本人は奴隷だと言い切れるのか?!

第一刷 2023年1月31日

著者 坂の上零

発行人 石井健資

発行所 株式会社ヒカルランド
〒162-0821 東京都新宿区津久戸町3-11 TH1ビル6F
電話 03-6265-0852 ファックス 03-6265-0853
http://www.hikaruland.co.jp info@hikaruland.co.jp

振替 00180-8-496587

本文・カバー・製本 中央精版印刷株式会社

DTP 株式会社キャップス

編集担当 TakeCO／伊藤愛子

ISBN978-4-86742-211-3

R E I　S A K A N O U E

坂の上零の活動

持続可能な循環社会を創る

1．行き詰まり、破滅に向かう世界経済と地球の現文明へのトータルな解決法

坂の上零の理念の5つの自立（①自然栽培の農業と食料、種、水の自立、②医療の自立、③金融システム、マネーの自立、④たらしい産業で経済の自立、⑤エネルギーの自立）を叶えたNAU、Noah's Ark Union

★ワクチンSOS：ワクチン・抗がん剤に慎重な医師たちの会

★医食同源NAUはこぶねコミュニティー村★を造り、
それを世界中に展開する。無病化、自然保護の推進。

このための運転資金を集める（400億円）

2．伊豆でのNAUビレッジ（ECO Village）造り。①細胞再生治療
②医食同源の食による和の医学の復活、③次世代リーダー教育
③自然栽培の教育と実践、普及、④ 5つの自立で自営する村
細胞再生治療を学ぶ医者・治療師の教育と、自然栽培の教育
医療法人、農業法人、研究所をつくり、独自ブランドの事業展開

3．YouTubeの番組制作と作家の真実の報道
⇒ 事実やマスコミが報道しない知るべき大事な情報の報道。

4．坂の上零の「人生を変える」講演、ココナウなどWEB講演
⇒ コアな世界情勢の分析と大学で教えない重要な分野の講義

5．作詞作曲した音楽などのライブ、JAZZコンサート

6．坂の上零の新しいマネー。及び、NAUポイント、NAU CARD
⇒ 金融崩壊の中、最大限、資産を守る。

7．NAUポイントで物々交換するCOCONAU（独自経済圏）
これを世界各国に広げていくことが、新しい国造りとなり、

「お金があまりなくても、幸せに暮らせる社会」の理念の実現。

お金に世界平和に貢献する基軸。https://coconau.com ⇒組合サポーターのなり方

8．アフターコロナで金融崩壊し、行き詰まる社会に包括的な解決法をフルパッケージでご提供
その基軸は、愛と調和と芸術の新しい世を創る「はこぶねコミュニティー活動」

9．ドクターズブランド医食同源NAU を展開し、各地の地方創生に貢献する。
問題があれば、そこに、解決法をもたらす。絶望の中に希望をつくる方法を考案、
ビジネスモデルを展開し、「かつてない驚き、より良き世界」の創出に挑戦。

10．JAPAN EXPO。インドでのビジネスマッチング（海外事業コンサル）
日本に居ながら、インドでネット販売代行。インドでビジネスマッチング。

展示会など実施。インド以外でも、インドネシア他など事業展開コンサル

11．インド・海外で、水とフリーエネルギー普及、各種最先端技術と新しい銀行設立事業化予定

NBS官民協働
ブレイクスルー経営成功会

次の世を共に造る中小企業社長とできる
若手経営者の相互発展異業種グループ

社長を助けられて、社長を理解できるのは社長
できる異業種経営者同士、互いに
ブレイクスルーを起こし勝つチーム
若手エリート社長と、シニアエリート社長のタッグ

http://breakthroughnau.com　次の世をつくる社長＆専門家チーム

氏名			紹介者	いないなら空白		男・女
住所	（〒　　−　　）					
携帯電話	（　　）		ココナウID			免許書など IDを添付
メルアド	@		生年月日	昭和・平成・西暦　年　月　日		
URL			職業・職種			
会社名			役職・肩書			
会社住所 都道府県から	（〒　　−　　）					
会社電話			専門：特徴			
自社とご自身のアピール（他の経営者会員へのアピール）						

★セミナー、研修＆交流会など定期的にございます。　FAX:0558-75-3056

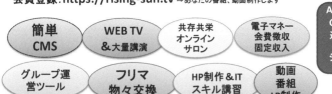

ワクチン・抗がん剤に慎重な医師たちの会

良心的なお医者さん、集まれ！

①あなたの近くの良心的なドクターナビ！

②ワクチン接種を拒否したい人への苦肉の人命救済。
完ぺきではないが最大限、ワクチン接種からあなたを守る秘策を提案
https://goodheartdoctor.org ⇒ ワクチンSOS 駆け込み寺

★真実を報道する新しいWEBメディアを
言論統制しない「COCONAU」に造ります。
スポンサー企業＆個人 募集（月10万円～）
動画1本制作と広告を入れます。

独自のWEBシステムであり、驚異的なITのWEBシステムであるCOCONAU上に、新しいWEBメディア、日本語と英語での国際放送する、NAU TVを設立したく、スポンサー企業募集

https://angelbankjapan.com → NAU TV

真実を各国の良識と博識な市民が現地から報道する「NAU WORLD SUMMIT」NAUワールドサミットを実施いたします。（NAUこどもサミットも開催予定。世界中の子供たちの生の声、世界改革も楽しみ）
中丸薫先生、坂の上零氏ふくめ、大物の言論人も番組に登場します。
あなたも、自分の番組を制作したいなら、NAU TVは、お手伝いします。

企業と個人のスポンサーを募集

番組出演者、字幕の英語の翻訳者も、同時に募集します

日本初の日本版SNS、独自WEBシステム。だから、個人情報が売られない上、言論統制しないのは、COCONAU
現在、放送中の真実のNEWS ZERO

毎週木曜日
22時～
COCONAU.com
NEWS ZERO

ワクチンSOS！ VACCINE SOS!
①ワクチンに慎重な人たちの駆け込み寺
②ワクチン打った人の解毒サポート
https://goodheartdoctor.org
ワクチンSOS
申込みフォーム
そのワクチン、本当に打つのですか？
提携病院/医師も同時募集
ワクチン・抗がん剤に慎重な医師たちの会 ワクチンSOS
説明動画
NDA ID 組合
WEB 面接
紹介状
受診 検査
真実を報道するNEWS ZERO
毎週木曜日22時（独自WEB:生放送）
https://coconau.com

★《AWG ORIGIN》癒しと回復「血液ハピハピ」の周波数

生命の基板にして英知の起源でもあるソマチッドがよろこびはじける周波数を
カラダに入れることで、あなたの免疫力回復のプロセスが超加速します！

世界12カ国で特許、厚生労働省認可！　日米の医師＆科学者が25年の歳月をかけて、ありとあらゆる疾患に効果がある周波数を特定、治療用に開発された段階的波動発生装置です！ 神楽坂ヒカルランドみらくるでは、まずはあなたのカラダの全体環境を整えること！　ここに特化・集中した《多機能対応メニュー》を用意しました。

A．血液ハピハピ＆毒素バイバイコース
　(AWG コード003・204)　60分／8,000円
B．免疫 POWER UP　バリバリコース
　(AWG コード012・305)　60分／8,000円
C．血液ハピハピ&毒素バイバイ+免疫 POWER UP
　バリバリコース　120分／16,000円
D．脳力解放「ブレインオン」併用コース
　60分／12,000円
E．AWG プレミアムコース　9回／55,000円　60分／8,000円×9回
※その都度のお支払いもできます。

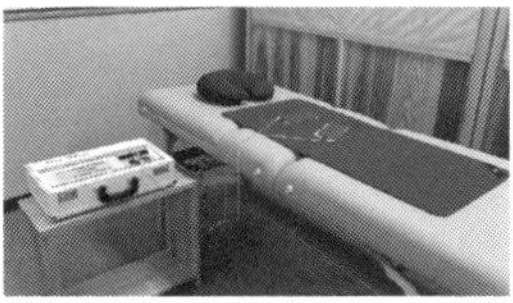

※180分／24,000円のコースもあります。
※妊娠中・ペースメーカーご使用の方にはご案内できません。

AWGプレミアムメニュー

1つのコースを一日1コースずつ、9回通っていただき、順番に受けることで身体全体を整えるコースです。2週間〜1か月に一度、通っていただくことをおすすめします。

①血液ハピハピ＆毒素バイバイコース　②免疫 POWER UP バリバリコース
③お腹元気コース　④身体中サラサラコース
⑤毒素やっつけコース　⑥老廃物サヨナラコース
⑦⑧⑨スペシャルコース

★音響チェア《羊水の響き》

脊髄に羊水の音を響かせて、アンチエイジング！
基礎体温１℃アップで体調不良を吹き飛ばす！
細胞を活性化し、血管の若返りをはかりましょう！

特許1000以上、天才・西堀貞夫氏がその発明人生の中で最も心血を注ぎ込んでいるのがこの音響チェア。その夢は世界中のシアターにこの椅子を設置して、エンターテインメントの中であらゆる病い／不調を一掃すること。椅子に内蔵されたストロー状のファイバーが、羊水の中で胎児が音を聞くのと同じ状態をつくりだすのです！　西堀貞夫氏の特製 CD による羊水体験をどうぞお楽しみください。

A．自然音Ａコース　60分／10,000円
B．自然音Ｂコース　60分／10,000円
C．自然音Ａ＋自然音Ｂ　120分／20,000円

神楽坂ヒカルランド
みらくる
Shopping & Healing

神楽坂《みらくる波動》宣言！

神楽坂ヒカルランド「みらくる Shopping & Healing」では、触覚、聴覚、視覚、嗅（きゅう）覚、味覚の五感を研ぎすませることで、健康なシックスセンスの波動へとあなたを導く、これまでにないホリスティックなセルフヒーリングのサロンを目指しています。ヒーリングは総合芸術です。あなたも一緒にヒーリングアーティストになっていきましょう。

★ミトコンドリア活性《プラズマパルサー》

ミトコンドリアがつくる、生きるための生命エネルギーATP を3倍に強化！
あなただけのプラズマウォーターを作成し、
疲れにくく、元気が持続するカラダへ導きます！

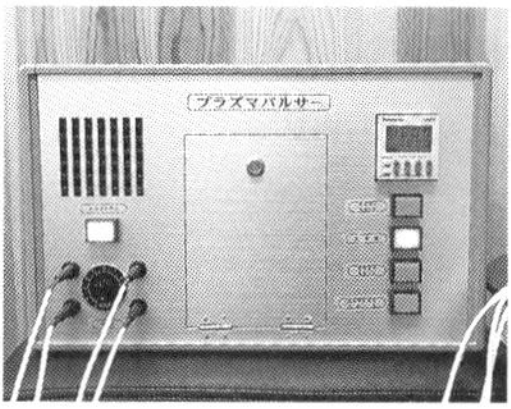

液晶や排気ガス装置などを早くからつくり上げ、特許を110も出願した天才・田丸滋氏が開発したプラズマパルサー。私たちが生きるために必要な生命エネルギーは、体内のミトコンドリアによって生産される ATP。この ATP を3倍に増やすのと同じ現象を起こします！　ATP が生産されると同時につくられてしまう老化の元となる活性酸素も、ミトコンドリアに直接マイナス電子を供給することで抑制。短い時間でも深くリラックスし、細胞内の生命エネルギーが増え、持続力も増すため、特に疲れを感じた時、疲れにくい元気な状態を持続させたい時におすすめです。

プラズマセラピー（プラズマウォーター付き）30分／12,500円（税込）

こんな方におすすめ

元気が出ない感じがしている／疲れやすい／体調を崩しやすい／年齢とともに衰えを感じている

※妊娠中・ペースメーカーご使用の方、身体に金属が入っている方、10歳未満、81歳以上の方、重篤な疾患のある方にはセラピーをご案内することができません。
※当店のセラピーメニューは治療目的ではありません。特定の症状、病状に効果があるかどうかなどのご質問にはお答えできかねますので、あらかじめご了承ください。

★植物の高波動エネルギー《ナノライト（ブルーライト）》

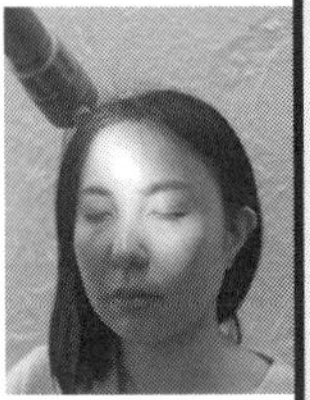

高波動の植物の抽出液を通したライトを頭頂部などに照射。抽出液は13種類、身体に良いもの、感情面に良いもの、若返り、美顔……など用途に合わせてお選びいただけます。より健康になりたい方、心身の周波数や振動数を上げたい方にピッタリ！

A．健康コース　7か所　10〜15分／3,000円
B．メンタルコース　7か所　10〜15分／3,000円
C．フルセッション（健康＋メンタルコース）　15〜20分／5,000円
D．ナノライト（ブルーライト）使い放題コース　30分／10,000円

★ソマチッド《見てみたい》コース

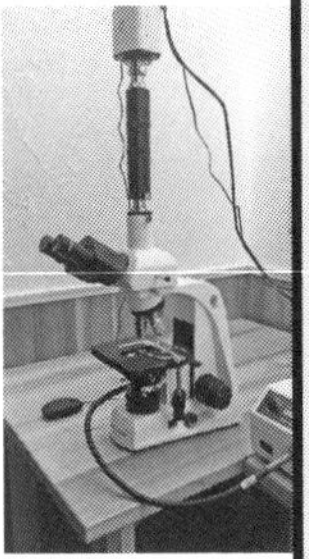

あなたの中で天の川のごとく光り輝く「ソマチッド」を暗視野顕微鏡を使って最高クオリティの画像で見ることができます。自分という生命体の神秘をぜひ一度見てみましょう！

A．ワンみらくる　1回／1,500円（5,000円以上の波動機器セラピーをご利用の方のみ）
B．ツーみらくる（ソマチッドの様子を、施術前後で比較できます）2回／3,000円（5,000円以上の波動機器セラピーをご利用の方のみ）
C．とにかくソマチッド　1回／3,000円（ソマチッド観察のみ、波動機器セラピーなし）

★脳活性《ブレインオン》

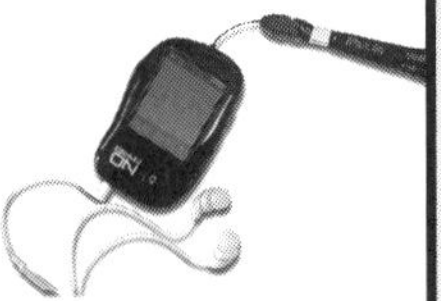

聞き流すだけで脳の活動が活性化し、あらゆる脳トラブルの予防・回避が期待できます。集中力アップやストレス解消、リラックス効果も抜群。緊張した脳がほぐれる感覚があるので、AWGとの併用もおすすめです！

30分／2,000円

★量子スキャン＆量子セラピー《メタトロン》

あなたのカラダの中をDNAレベルまで調査スキャニングできる
量子エントロピー理論で作られた最先端の治療器！

筋肉、骨格、内臓、血液、細胞、染色体など──あなたの優良部位、不調部位がパソコン画面にカラーで６段階表示され、ひと目でわかります。セラピー波動を不調部位にかけることで、その場での修復が可能！　宇宙飛行士のためにロシアで開発されたこのメタトロンは、すでに日本でも進歩的な医師80人以上が診断と治癒のために導入しています。

A.B.ともに「セラピー」「あなたに合う／合わない食べ物・鉱石アドバイス」「あなただけの波動転写水」付き。

A.「量子スキャンコース」　60分／10,000円
あなたのカラダをスキャンして今の健康状態をバッチリ６段階表示。気になる数か所へのミニ量子セラピー付き。

B.「量子セラピーコース」　120分／20,000円
あなたのカラダをスキャン後、全自動で全身の量子セラピーを行います。60分コースと違い、のんびりとリクライニングチェアで寝たまま行います。眠ってしまってもセラピーは行われます。

《オプション》＋20分／＋10,000円（キントン水8,900円含む）
「あなただけの波動転写水」をキントン水（30本／箱）でつくります。

★脳活性《ブレイン・パワー・トレーナー》

脳力UP＆脳活性、視力向上にと定番のブレイン・パワー・トレーナーに、新メニュー、スピリチュアル能力開発コース「0.5Hz」が登場！　0.5Hzは、熟睡もしくは昏睡状態のときにしか出ないδ（デルタ）波の領域です。「高次元へアクセスできる」「松果体が進化、活性に適している」などと言われています。

Aのみ　15分／3,000円　　B～F　30分／3,000円
AWG、羊水、メタトロンのいずれか（5,000円以上）と同じ日に受ける場合は、2,000円

A.「0.5Hz」スピリチュアル能力開発コース
B.「6Hz」ひらめき、自然治癒力アップコース
C.「8Hz」地球と同化し、幸福感にひたるコース
D.「10Hz」ストレス解消コース
E.「13Hz」集中力アップコース
F.「151Hz」目の疲れスッキリコース

ヒカルランド　好評既刊！

地上の星☆ヒカルランド　銀河より届く愛と叡智の宅配便

「自然栽培」で地球を救っていく！
世界中の希望を乗せてアースセイバー号発進せよ！
著者：坂の上零／高野誠鮮／池田整治
四六ソフト　本体 1,800円+税

3日寝てれば治るのに！
コロナワクチン幻想を切る
著者：井上正康／坂の上零
四六ソフト　本体 1,600円+税

裏天皇とロスチャイルド
著者：嘉納道哲／坂の上零
四六ソフト　本体 2,000円+税

秘密率99%「天皇」とは何者なのか？
著者：小泉芳孝／坂の上零
四六ソフト　本体 3,000円+税